AF464304

HISTOIRE DU DEUX DÉCEMRRE

ET

PORTRAIT DE NAPOLÉON III

(*Chapitre extrait de l'*HISTOIRE DE LA GUERRE DE CRIMÉE,
par Kinglake)

EN VENTE CHEZ A. LACROIX ET Cie

Du même auteur

W. KINGLAKE. — *Histoire de l'Invasion et de la Guerre de Crimée*, 6 vol. gr. in-18, jésus............ 21 fr.

W. KINGLAKE

HISTOIRE

DU

DEUX DÉCEMBRE 1851

ET

PORTRAIT HISTORIQUE

DE NAPOLÉON III

Traduit de l'Anglais

PAR TH. KARCHER

SEULE ÉDITION AUTORISÉE PAR L'AUTEUR

Prix : 1 fr. 50. c.

PARIS

LIBRAIRIE INTERNATIONALE
A. LACROIX et Cie, éditeurs
13. rue du Faubourg-Montmartre

LIBRAIRIE CENTRALE
Julien LEMER, éditeur
21, rue de Seine-Saint-Germain

1873

AVERTISSEMENT

Aux incroyables adulations des apothéoses publiées par un certain nombre de journaux anglais, aux efforts que fait le parti bonapartiste pour persuader aux Français crédules que ces adulations, plus ou moins intéressées, que la curiosité béotienne des cockneys de Londres, sont l'expression de l'admiration du peuple anglais, il nous a paru opportun d'opposer le jugement étudié, réfléchi, appuyé de preuves et de témoignages, d'un écrivain anglais considéré comme un des meilleurs historiens modernes de l'Angleterre.

Ce jugement, Kinglake n'a pas attendu pour le rendre que Napoléon III appartînt tout à fait à l'histoire du passé, à la postérité, qu'il fût réduit à cet état que le poète caractérise ainsi :

« Mieux vaut goujat debout qu'empereur enterré. »

Ce jugement, il l'a écrit à l'époque où le souverain de la France aveuglée semblait à l'apogée de sa puissance, dans un important ouvrage : l'*Histoire de l'invasion de la Crimée*, publié à Londres en 1863.

Ce livre considérable a eu un immense succès non-seulement en Angleterre, mais encore dans toute l'Europe. La collection Tauchnitz le popularisa, et il fut traduit dans toutes les langues, même en Français.

Cette traduction française, faite par M. Th. Karcher, avec l'autorisation et presque sous les yeux de l'auteur, parut à Bruxelles (1) en 6 vol. in-8, en 1865, et plus tard en 6 vol. in-18, mais l'entrée en France lui fut tout aussi rigoureusement interdite qu'aux éditions anglaises. Cette histoire est donc absolument inconnue non-seulement du public, mais encore des hommes politiques de notre pays.

A l'heure où l'appréciation du ci-devant empereur vient de passer du domaine de la politique au domaine historique, n'est-ce pas faire œuvre utile et équitable que d'apporter, à titre de pièces de ce jugement, une étude librement écrite sur de certains faits encore inconnus du Deux décembre et sur le caractère si complexe de l'homme sinistre qui fut le chef de cette conspiration.

Cette étude de caractère paraîtra d'autant plus curieuse que, bien qu'écrite et publiée en 1863, elle semble, par une étrange puissance d'intuition, annoncer déjà l'homme destiné à rendre son épée à Sedan.

LES ÉDITEURS.

20 Janvier 1873.

(1) *Histoire de l'invasion et de la guerre de Crimée*, par KINGLAKE, traduction par Karcher; 6 vol. in-18, (Librairie internationale.)

CHAPITRE I

État de la république française au mois de novembre 1851. — Le prince Louis Bonaparte. — Les ouvertures qu'il fait aux hommes bien élevés de France à l'époque de la présidence. — Il est rebuté et tombe en d'autres mains. — Motifs qui le poussèrent en avant. — Il se prononce pour le suffrage universel. — Ses déclarations solennelles de fidélité à la république. — Morny. — Fleury. — Fleury va à la recherche en Algérie, et trouve St-Arnaud. — St-Arnaud est suborné et devient ministre de la guerre. — Maupas. — Il est suborné et nommé préfet de police. — Persigny. — Mesures prises pour paralyser la garde nationale. — L'armée. — Indignation que lui fait éprouver la proposition de M. Baze. — Les régiments et les officiers de la garnison de Paris sont triés avec soin. — Magnan. — Réunion de vingt généraux chez Magnan. — L'armée est encouragée dans la haine qu'elle porte au peuple. — Réunion à l'Élysée dans la nuit de lundi. — Commission donnée à Vieyra. — Avant minuit, plusieurs conspirateurs se réunissent dans un appartement intérieur. — Le président remet un paquet de manuscrits au colonel Beville — Opérations exécutées à l'imprimerie nationale. — Portée des proclamations. — Lettres congédiant les ministres qui n'étaient pas initiés au complot. — Hésitation des conspirateurs de l'Élysée. — Fleury entraîne ses complices. — L'ordre du ministre de la guerre est remis à Magnan. — Mesures prises par Maupas pour opérer les arrestations convenues. — Distribution des troupes. — Arrestation des principaux généraux et des hommes politiques les plus éminents. — Morny prend possession du ministère de l'intérieur. — Les journaux sont saisis et arrêtés. — Réunion de l'assemblée. — Elle est dispersée par les troupes. — Le président parcourt la ville à cheval. — Retraite et tristesse du prince Louis. — Mesures prises pour le soustraire aux messages alarmants. — Réunion de l'assemblée dans un autre bâtiment. — Décrets qu'elle rend. — Des troupes montent l'escalier, elles hésitent devant l'emploi de la force. — L'ordre écrit de faire évacuer la salle est donné par Magnan. — L'assemblée refuse de céder si ce n'est à la force. — Tous les représentants sont faits prisonniers et emmenés sur le quai d'Orsay. — L'assemblée est emprisonnée dans la caserne d'Orsay. — Les membres de l'assemblée sont mis dans des voitures cellulaires et emmenés dans les différentes prisons. — Qualité des hommes emprisonnés. — Qualité des hommes qui les emprisonnèrent. — Audience de la haute-cour. — Les juges sont chassés de leurs siéges par la force. — Circonstances qui rendaient imprudent de recourir à l'insurrection pour défendre les lois. — Le comité de résistance. — Tentative d'insurrection au faubourg Saint-Antoine. — La barricade de la rue Sainte-Marguerite. — Barricades au centre de Paris. — État de Paris à deux heures, le 4 décembre. — Attitude des troupes. — Hésitation de Magnan. — Ses motifs probables. — Terreur visible des conspirateurs en voyant leur isolement se continuer. — Ils forment une « commission consultative. » — Enfin Magnan se résout à l'action. — Espace entre le terrain occupé par les troupes et celui qu'occupaient les insurgés. — État du boulevard à trois heures. — Le massacre du boulevard. — Massacre du centre de Paris. — Massacre de prisonniers. — Manière dont quelques prisonniers furent traités à la Préfecture. — Gradations qui séparent les tueurs d'hommes vaincus. — Les conspirateurs ont avoué des massacres qui rentrent dans toutes les catégories. — Enquête sur les exécutions de prisonniers qui se trouvaient entre les mains des autorités civiles. — Le nombre des personnes tuées est incertain. — Perte totale de l'armée. — Effet du massacre sur la population parisienne. — Le massacre fait disparaître une des circonstances qui produisaient l'incapacité personnelle de Louis Bonaparte. — Le sort des provinces. — Motifs qui produisirent ces mesures féroces. D'abord la terreur et ensuite l'espoir de se procurer l'appui des hommes effrayés de l'anarchie. La peur des socialistes. — Les frères de l'Élysée en profitent. — Ils prétendent être engagés dans une guerre contre le socialisme. — Envoi de commissaires dans les provinces. — L'Église. — La France émasculée. — Transportation de 26,500 hommes. — Le plébiscite. — Causes qui rendirent un choix libre impossible. — L'élection se fait sous l'empire de l'état de siége. Mesures de violence prises pour forcer l'élection. — L'élection est contrainte par le vote de l'armée. — La France succombe. — Le prince Louis devient le seul législateur de la France. — Les lois qu'il lui donne. — Importance du massacre sur les boulevards. — Enquête sur les causes qui l'amenèrent. — La passion de la terreur. — État du prince Louis Bonaparte au moment du danger. — Il donne tout ce qu'il possède aux soldats. — Il signe même le décret du 5 décembre. — État de Jérôme Napoléon. — Anxiété naturelle de Napoléon, fils de Jérôme. — État de Maupas. — Sujets d'anxiété pour les conspirateurs, pour Magnan et ses généraux. — Effet qu'une incertitude pénible produit sur les troupes françaises. — Conjecture sur la cause du massacre. — Reconnaissance due à Fleury. — Traitement que l'Élysée fait subir à la France. — Serment prêté par le président en 1848. — Il avait engagé sa parole d' « homme d'honneur. » — Le *Te Deum*. — Le président devient empereur des Français. — Inaction d'un grand nombre de Français au moment où le pays succombait. — Ses causes. — Les hommes bien élevés prennent la résolution de se tenir à distance. — Péril incessant du nouvel empereur et de ses complices. — La politique étrangère de la France sert à étayer le nouveau trône.

I

Au commencement de l'hiver de l'année 1851, la France était encore en république ; mais la constitution de 1848 n'avait pas jeté de racines (1). On admettait généralement que le pays avait été surpris et contraint en se constituant en république, et que le système monarchique était la seule forme de gouvernement adaptée au génie de la France (2). Le sentiment d'instabilité que cette opinion faisait naître, venait s'ajouter à la terreur indicible des insurrections du genre de celle qui, quarante mois auparavant, avait ensanglanté les rues de Paris. De plus, pour ceux qui veillaient et qui craignaient, l'ombre s'avançait sur le cadran avec une terrible régularité vers l'heure où l'anarchie allait revenir, pour ainsi dire, sur l'ordre exprès de la loi. La constitution prescrivait d'élire un nouveau président au printemps prochain, et les Français, à qui la nature a donné un caractère inquiet et ardent, ne savent pas endurer la pression continue qu'un danger longtemps imminent exerce sur les nerfs.

(1) M. Kinglake a bien voulu m'autoriser à signaler par des notes les points sur lesquels je diffère d'avis avec lui. En général, on ne saurait être mieux renseigné ; mais il me permettra de lui faire remarquer que le parti républicain attendait avec calme et confiance les élections de 1852, et c'est parce qu'elle sentait les populations lui échapper et la république jeter racine, que la réaction rendit le suffrage universel illusoire par la loi du 31 mai et eut recours à la violence. (*Note du traducteur.*)

(2) En 1848, près de dix millions d'électeurs, dont rien n'entravait la liberté, se rendirent au scrutin et nommèrent une assemblée nationale qui, d'un commun accord, acclama la république et légalisa l'acte du gouvernement provisoire. (*Note du traducteur.*)

Dans ce cas, leur première impulsion est de se précipiter en avant ou de courir en arrière; et ce qu'ils sont le moins disposés à faire, est de se tenir tranquilles ou de s'avancer avec calme.

En général, la France croyait que mieux vaudrait, malgré les articles contraires de la constitution, que le président d'alors fût tranquillement réélu. Une forte majorité de l'assemblée, représentant fidèlement cette opinion, aurait voulu voter une disposition à cet effet. Mais ses désirs furent éludés par la précaution imprudente de la charte républicaine, qui portait que nul changement constitutionnel ne pourrait être effectué sans la sanction des trois quarts des représentants. Cette barrière maladroite entravait l'action de l'État, et beaucoup de gens, que leur caractère portait à respecter la légalité, furent forcés de reconnaître qu'il serait utile de donner une entorse à la constitution (1). Néanmoins, depuis longtemps la république n'avait pas été sérieusement troublée. Le peuple obéissait aux lois. En général, la résolution de maintenir l'ordre à tout prix était tellement ferme que, même pour des motifs assez légers, le président avait reçu la faculté de mettre en état de siége tout département dans lequel du tumulte pouvait être prévu. Les luttes passionnées qui remuaient l'assemblée, quelque désagréables qu'elles pussent paraître aux militaires et à tous ceux qui chérissent la vigueur de décision et la constance de vues du despotisme, étaient plutôt les signes d'une saine vie politique que des présages de dangers pour l'État. Il n'est pas vrai, comme on l'a

(1) M. Kinglake me paraît envisager la question sous un point de vue exclusivement orléaniste. Je ne suis pas l'admirateur enthousiaste de la constitution de 1848, qui instituait un président et le faisait élire directement par le peuple, provoquant ainsi un dualisme forcé dans la république. Mais faut-il blâmer les constituants d'avoir voulu défendre leur œuvre des surprises imprudentes? Je ne crains pas d'affirmer que le vote universel du peuple se serait, en 1852, prononcé pour le maintien de la république. La majorité de l'assemblée législative, que la haine rendait aveugle, aurait tout sauvé si elle avait, en effet, respecté la légalité, au lieu de contourner hypocritement les institutions républicaines. (*Note du traducteur.*)

prétendu plus tard, que le pouvoir exécutif ait été méchamment et à dessein entravé, soit par les votes de l'assemblée soit par les discours des représentants. Il est encore bien moins vrai que le corps des législateurs se soit occupé à tramer des complots contre le président. Quoique l'armée, se souvenant des humiliations de 1848, fût mal disposée envers le peuple et toute prête à prendre sa revanche à la première occasion, aucun général, jouissant de quelque réputation, n'aurait consenti à tirer un coup de fusil, sans ce que les chefs français regardaient comme la seule autorité légale, un ordre du ministre de la guerre.

II

Le président de la république était le prince Charles-Louis-Napoléon Bonaparte, l'héritier légal du premier empereur, en vertu du sénatus-consulte de 1804. L'élection qui l'avait fait le chef de l'État était foncièrement honnête. Et puisque dans le temps il avait deux fois hasardé des expéditions qui visaient au trône de France, il avait le droit de conclure que les millions de citoyens qui le portèrent à la présidence, voulaient se servir de ses projets ambitieux pour restaurer en France la forme du gouvernement monarchique (1).

Mais, s'il avait ouvertement révélé l'ambition que le hasard de sa naissance avait, pour ainsi dire, fait éclore tout naturellement, il avait réussi comme le premier Brutus à passer pour un homme d'une intelligence étroite. En France et en Angleterre,

(1) Il se peut que parmi les paysans et les vieux soldats un certain nombre ait dès lors rêvé la restauration de l'empire ; mais la majorité du pays voulait toute autre chose. On n'a qu'à se rappeler les votes nombreux qui furent acquis aux candidats républicains, en 1849, pour être convaincu que les impérialistes proprement dits se trouvaient dans une méprisable minorité. Le comité royaliste, qui siégeait rue de Poitiers, et qui contribua si puissamment à l'élection de Louis Napoléon, ne voulait évidemment pas faire un empereur de son candidat de prédilection. (*Note du traducteur.*)

on le regardait alors généralement comme un être borné. Lorsqu'il parlait, ses idées découlaient avec lenteur et avec peine. Ses traits étaient impénétrables. Les écrits que son esprit rêveur et contemplatif avait produits, après des années d'études solitaires, n'avaient guère éclairé le monde. Même les tentatives étranges dans lesquelles il s'était engagé, ne lui avaient pas valu l'intérêt qui d'habitude s'attache aux entreprises aventureuses. Les habitants de Londres qui se complaisaient à réunir des célébrités, ne le présentaient jamais à leurs amis comme un prétendant sérieux, mais plutôt comme un aéronaute deux fois tombé du haut des nuages, et vivant encore en dépit de sa chute profonde. Néanmoins, plus on le connaissait en Angleterre, plus on l'aimait. Il se mêlait à la vie anglaise et montait passablement à cheval dans les chasses à courre. Il était bienveillant, affable et sociable, et parlait volontiers des vues qu'il avait sur le trône de France. Les mots qu'il prononçait sur sa « destinée, » s'adressaient (selon toute apparence, par l'inspiration d'une bonne politique) à de simples connaissances; mais à ses amis intimes, il tenait le langage d'un aspirant pratique et prudent au trône impérial.

L'opinion qu'on s'était formée de ses talents pendant qu'il végétait dans l'exil n'avait pas subi de changements notables par suite de son retour en France. A l'assemblée, son manque apparent de ressources mentales le faisait regarder comme un être inoffensif, tandis que sur son siége de président il paraissait généralement inerte. Cependant il restait toujours quelques hommes qui croyaient à sa capacité. Des observateurs profonds avaient remarqué que de temps à autre il paraissait des documents attribués au président, documents remplis d'idées et qui prouvaient que l'auteur, isolé de la nation grégaire dont il était le chef, avait la faculté de la regarder comme étrangère à lui-même. Une étude longue et continue du caractère du premier Napoléon l'avait amené à contracter l'habitude impériale de regarder le peuple français de haut, et de traiter la puissante nation comme une substance qu'il appartenait à une autre cervelle d'analyser et de contrôler. Vraiment, durant son emprisonnement et son exil, les relations entre lui et la France de ses expériences étaient à peu de chose près celles qui existent entre l'anatomiste et le cadavre. Il faisait son cours sur le « sujet; » il en disséquait les fibres ; il en expliquait les fonctions ; il montrait avec quelle belle harmonie la nature, dans sa sagesse infinie, l'avait adapté au service des Bonaparte ; il expliquait comment, sans les soins paternels de ces mêmes Bonaparte, la pauvre créature était destinée à s'abatardir et à disparaître graduellement de ce monde.

Si son intelligence était inférieure à ce qu'on supposa en Angleterre, à l'époque de l'alliance anglo-française, en 1854, elle était cependant bien au-dessus de l'humble étendue qu'on lui attribuait pendant la période qui commença en 1836, et finit en 1851. En réalité, c'est le caractère repoussant de la science qu'il cultivait, qui pendant tant d'années avait jeté un voile épais sur son talent. Bien des hommes avant lui s'étaient laissés aller à faire de la politique astucieuse. Un plus grand nombre, travaillant dans des sphères plus humbles, avait employé l'artifice et la ruse dans les combats qui se livrent devant les cours de justice. Mais aucun homme de notre temps, si ce n'est le prince Louis Bonaparte, n'avait passé les heures d'une jeunesse studieuse et la fleur de l'âge viril à combiner les moyens d'appliquer le stratagème à la science de la jurisprudence. Peut-être n'est-ce pas par suite d'une bassesse originelle que son âme prit ce pli. Le penchant à rester assis pendant des heures entières pour projeter l'acquisition de l'objet de sa convoitise, — ce penchant était dans sa nature ; mais l'inclination de travailler à faire de la loi un agent de déception n'était pas forcément dans son sang. Néanmoins, il la tenait de sa famille. Il aurait pu, il est vrai, rejeter les suggestions dues au hasard de sa naissance et se décider à rester simple citoyen. Mais une fois résolu à paraître sur la scène comme prétendant au trône impérial, il devait calculer et rechercher les moyens de poser sans résistance, au beau milieu de ce siècle, le rude joug des Bonaparte de 1804 sur les épaules de la France. Or la France étant une nation européenne et le joug étant, en réalité, de la nature de ceux que les Tartares inventent pour les Chinois, il s'ensuivait qu'on ne pouvait l'adapter qu'au moyen de la fourberie.

Ainsi, le prince Louis fut poussé par les simples exigences de son héritage plutôt que par méchanceté innée à devenir artificieux. Attendre de lui qu'il se montrât loyal envers la France sans renoncer en même temps à ses prétentions, serait aussi inconséquent que de déclarer que l'héritier du premier Perkin pourrait entreprendre de faire revivre les gloires passagères de la maison de Warbeck, tout en s'abstenant de l'imposture.

Pendant des années, le prince suivit cette étrange vocation, et quand ses études furent terminées, il était devenu très adroit. Longtemps avant de pouvoir appliquer sa science tortueuse, il avait appris à rédiger une constitution qui paraîtrait décréter une chose et en fait en ordonnerait une autre. Il s'entendait à mettre le mot « jury » dans des lois qui volaient aux hommes leur liberté. Il était versé dans l'art de tendre le piége qu'il appelait « suffrage universel. » Il savait comment on étrangle une nation dans l'ombre de la nuit, avec un instrument nommé « plébiscite. »

Cette finesse d'avocat qui avait été mise jusqu'alors au service de la jurisprudence, pouvait naturellement être appliquée à composer des documents publics et des œuvres politiques de tout genre. Plus le prince Louis avançait en âge, plus ce bizarre talent secondait ses défauts. Il était dans sa nature de rester longtemps en suspens, non seulement entre deux plans d'action similaires, mais même entre deux projets opposés. Cette faiblesse s'accrut avec les années; et comme sa conscience était habituée à demeurer neutre dans ces luttes mentales, il ne se décidait jamais parce qu'une ligne de conduite était honnête et que l'autre ne l'était pas. Ainsi, pour pouvoir traîner les choses en longueur en toute sécurité, il se trouvait forcé de créer des points de repère, des lieux de repos qui lui permissent de se tenir tranquille pendant que durait son indécision. De même qu'un homme indolent devient adroit quand il s'agit d'excuser ses retards, de même le prince Louis, pour avoir si souvent hésité entre la droite et la gauche, avait atteint une habileté extraordinaire à combiner, non seulement des phrases ambiguës, mais aussi des desseins équivoques.

En partie, par suite des habitudes contractées dans les sociétés secrètes des *carbonari* italiens; en partie, par suite des longues années passées dans les prisons, en grande partie aussi, d'après ce qu'il a dit, par suite de ses relations avec les hommes du *turf* anglais, remarquables par leur sang-froid et par leur aplomb — il avait appris à se taire. Mais il n'était pas par nature un homme réservé. Vis-à-vis des étrangers, et surtout vis-à-vis des Anglais, il se montrait généralement plein de franchise. Avec les Français, il était retiré et se tenait sur ses gardes, d'après le même principe qui pousse le chasseur à garder le silence quand il guette les cerfs et les perdrix. Sans nul doute, il savait dissimuler, et dissimuler longtemps; mais probablement la faculté de cacher ses intentions était servie par la circonstance, que fort souvent son jugement était réellement en suspens et qu'il n'avait pas de secret à dévoiler. Son penchant pour les masques et les déguisements provenait plus peut-être de la bizarre vanité et de la manie théâtrale qui lui étaient propres, que d'une vile affection pour la supercherie. Il est certain que le mystère dont il aimait à s'envelopper avait souvent pour but de causer une surprise mélodramatique.

On croit que ceux qui parlent de lui comme d'un homme dépourvu de toute idée sur la nature de la vérité, sont injustes. Il comprenait la vérité, et dans la conversation, il la préférait au mensonge. Mais sa véracité, quoiqu'elle n'eût peut-être pas ce but, devenait parfois un moyen de déception; car après avoir fait naître la confiance, elle s'évanouissait subitement sous l'impulsion d'un motif puissant. Il pouvait conserver des relations amicales avec un homme et lui parler en toute franchise et en toute sincérité pendant sept ans, et néanmoins il le trompait à l'improviste. Ceux qui se trouvaient attrapés par ce semblant d'honnêteté, étaient naturellement portés à croire que toute apparence d'une bonne qualité était un masque. Mais il est plus conforme aux principes de la nature humaine, d'admettre qu'une véracité qui se maintient pendant des années, est un reste de vertu plutôt qu'une préparation au mensonge. Sa nature indécise et hésitante lui aidait à cacher ses pensées; on se fatiguait tellement de poursuivre les oscillations de son esprit, que les soupçons finissaient par s'endormir. Ensuite, quand il s'apercevait que le public s'ennuyait de prédire qu'il allait faire quelque chose, il se dérobait sans bruit, et le faisait.

Sa hardiesse était de l'espèce que produit la réflexion, plutôt que de celle qui résulte du tempérament. Pour lutter honorablement contre les périls extraordinaires dans lesquels il se précipitait de temps à autre, il lui aurait fallu posséder une ardente qualité, que la nature lui a refusée, comme à la grande majorité des hommes. Mais ce n'était que dans des circonstances réellement critiques et qui impliquaient un danger physique immédiat, que sa hardiesse lui faisait défaut. Il possédait le courage nécessaire pour braver, dans une position privée, les épreuves ordinaires de ce monde, sans que son honneur fût mis en doute. Mais il avait parfois une audace factice, produite par une longue méditation rêveuse; et quand il s'était monté à ce diapason, il exposait sa fermeté à des épreuves qui dépassaient sa force. Son imagination le dominait au point de lui faire aimer l'idée d'une aventure : mais elle n'était pas assez forte pour lui faire prévoir ses sensations au moment du danger. Ainsi il était très aventureux en dressant ses plans de campagne; mais lorsque enfin il se trouvait face à face avec le péril qu'il avait si longtemps sollicité, il était sujet à s'effaroucher, comme devant quelque chose d'étrange et d'imprévu.

Il aimait à combiner, à couver des complots, et il était très versé dans l'art de faire les arrangements préparatoires pour mûrir ses desseins. Mais ses labeurs tendaient à l'entraîner dans des scènes pour lesquelles la nature l'avait peu formé, car, de même que le commun des hommes, il n'avait pas à sa disposition la présence d'esprit et l'excitation animale qui sont requises dans les moments critiques des aventures audacieuses. Bref, c'était un homme pensif et littéraire, qui s'imposait de propos délibéré la tâche de suivre une route désespérée, et qui s'y avançait même assez loin; mais il était retenu, à l'heure de l'épreuve décisive, par le retour subit et calmant de son bon sens.

Il n'était par nature ni cruel ni sanguinaire, et outre que dans de petites matières il avait des instincts bienveillants et généreux, il était tellement enclin à agir honnêtement, tant qu'il n'avait pas de puissants motifs de recourir à la tricherie, que pendant de longs mois il vécut parmi les hommes du *sport* anglais, sans s'exposer au déshonneur. Si sa constitution et ses habitudes ne lui donnaient pas la force de renoncer à quelque objet qu'il convoitait, par cela seul que ce qu'il recherchait était déloyal, il y a lieu de présumer que ses idées sur la différence entre le bien et le mal avaient été naturellement obscurcies par la coutume de chercher un idéal de dignité virile dans le premier Bonaparte. Soit comme étude, soit par curiosité, sinon pour trouver un guide, il s'était habitué à écouter parfois la voix de sa conscience; il est certain, dans tous les cas, que, la plume à la main, et lorsqu'il avait le temps de se préparer, il savait assez convenablement imiter le langage scrupuleux d'un homme d'honneur (1).

(1) Voyez, entre autres, son adresse aux électeurs, du 29 novembre 1848; le discours qu'il lut après avoir prêté le serment, le 20 décembre 1848; le discours de Ham, du 22 juillet 1849; celui de Tours, du 1er août 1849: le message à l'assemblée, du 3 décembre 1849, et celui du 12 novembre 1850. On verra que,

Toujours il désirait ardemment d'attirer l'attention des hommes. L'accident de la naissance ayant placé devant lui le trône du premier Napoléon, comme un objet d'espoir et de convoitise, son insatiable envie des distinctions, quoiqu'elle prît vraiment racine dans sa vanité, se couvrit bientôt des dehors de l'ambition.

Mais la solitude d'esprit dans laquelle la nature de ses visées et de ses études le maintenait, l'apparente pauvreté de son intelligence, son œil terne et comme « de bois, » et par dessus tout, peut-être, ses chances de succès si éloignées selon toute probabilité — toutes ces causes de découragement qui contrastaient avec la grandeur du but auquel il aspirait, donnaient à ses prétentions une couleur comique et singulière. Outre ce désir passionné d'atteindre des hauteurs d'où il verrait le monde le contempler de loin, il avait une prédilection bizarre et presque excentrique pour les artifices par lesquels l'auteur d'un mélodrame, le régisseur et le premier rôle parviennent à produire leurs effets de théâtre. Ainsi, par les efforts réunis d'une passion et d'une manie, il était poussé à concerter des scènes et des surprises dont il était invariablement le héros. Cette tendance était si forte et si absorbante, qu'elle cessait d'être un simple goût pour les arrangements de coulisse et de décoration, et devenait une inclination prononcée. Toute seule, elle aurait peut-être simplement donné une nuance particulière à ses amusements. Mais sa naissance ayant fait de lui un prétendant au trône de France, son désir d'imiter et de reproduire l'empire formait un trait d'union entre ses lubies théâtrales et ce qu'on pourrait désigner comme son ambition rationnelle. Il en résulta qu'aussi longtemps qu'il vécut en exil, il ne put résister à l'envie

dans mon opinion, ces déclarations furent composées au moment où il reculait réellement devant la trahison. Mais si, comme d'autres le supposent, elles furent composées pour tromper le pays, il faut reconnaître qu'elles contrefaisaient les sentiments d'un honnête homme avec une habileté extraordinaire.

de jouer en personne et sur la scène du monde, le retour de Napoléon de l'île d'Elbe.

Dans quelques détails, la tentative de Strasbourg, en 1836, était plus sérieuse qu'on ne le suppose communément. Il n'avait alors que vingt-huit ans. Il s'était attaché Vaudrey, colonel d'un régiment d'artillerie qui se trouvait en garnison dans la ville. Le mouvement commença de bonne heure dans la matinée du dimanche, 30 octobre. Par la déclaration qu'une révolution avait éclaté à Paris et que le roi avait été déposé, Vaudrey amena ses artilleurs à reconnaître le prince pour empereur. Le colonel envoya ensuite des détachements à l'hôtel de la préfecture et à celui du général commandant la division et fit arrêter le général et le préfet, plaçant des sentinelles à leur porte. Et tout cela fut exécuté sans donner l'alarme aux autres régiments de la garnison.

En supposant qu'il eût réellement existé parmi les troupes un attachement profond pour le nom et la famille Bonaparte, il devait suffire, pour entraîner la garnison tout entière, que l'héritier du grand empereur possédât les qualités personnelles nécessaires au succès de l'entreprise. Le prince Louis fut amené en présence du général captif, mais il ne réussit pas à le séduire. Ensuite, entouré d'hommes qui représentaient son état major personnel, il fut conduit à la caserne du 46e régiment de ligne. Les soldats, pris à l'improviste, furent informés que la personne qu'on leur présentait était leur empereur. Mais ils ne voyaient qu'un jeune homme ayant l'air et les manières d'un tisserand,— d'un tisserand abattu par de longues heures d'un travail monotone qui ploie le corps et donne l'habitude de baisser les yeux. Et pendant tout ce temps, en plein jour, ce jeune homme se tenait là, debout, revêtu des pieds à la tête du costume historique du général d'Austerlitz et de Marengo. Cette pénible exhibition paraît avoir détruit le succès que Vaudrey avait obtenu. Néanmoins, il s'était souvent passé d'étranges choses à Paris, et le régiment n'était pas tout à fait sûr que le jeune homme ne fût pas ce qu'on prétendait, — Napoléon II, le nouvel empereur des Français. — Cette perplexité fournissait au prince l'occasion d'essayer si les sentiments bonapartistes existaient réellement et de voir s'il était bien l'homme fait pour les raviver.

Sur ces entrefaites, le colonel du régiment, M. Talandier, qu'on avait enfin informé de ce qui se passait, arriva dans la cour du quartier. Il fit à l'instant même fermer les portes, et puis il marcha tout droit, violent, courroucé et dédaigneux, vers l'endroit où se tenaient l'empereur proposé et son « état-major impérial. » Cette apparition d'un colonel indigné de ce qu'on avait envahi sa caserne, était certainement ce à quoi il fallait s'attendre, ce qu'il fallait être prêt à affronter. Cependant, comme si c'était là une chose prodigieuse et imprévue, elle frappa le prince de stupéfaction. Pour lui, homme de lettres, qui se tenait dans la cour d'une caserne dans le costume du grand empereur, un colonel en colère, revêtu de l'autorité légale, était une terrible réalité et non plus un rêve. A l'instant même, le prince Louis succomba. Quelques personnes étaient d'avis qu'après tout ce qui s'était passé dans la matinée, le prince devait à l'infortuné Vaudrey qu'il avait séduit, de ne pas laisser son échafaudage aventureux s'écrouler sans tenter la fortune par une résistance intrépide sinon désespérée. Cette opinion ne prévalut pas. Parmi les ornements que portait le prince, se trouvait une épée; néanmoins, sans porter un seul coup, il se laissa publiquement enlever le grand cordon de la Légion d'honneur et toutes ses autres décorations (1). D'après un récit, le colonel irrité lui infligea cette honte de ses propres mains, et non seulement il retira le grand cordon de la poitrine du prince, mais lui

(1) Dépêche du général Voirol, *Moniteur* du 2 novembre. Après avoir mentionné l'arrivée du lieutenant-colonel Talandier dans la cour de la caserne, la dépêche dit : « Dans une minute, L. N. Bonaparte et les misérables qui avaient pris parti pour lui, ont été arrêtés, et les décorations dont ils étaient revêtus ont été arrachées par les soldats du 46°. »

arracha aussi ses épaulettes et foula le tout aux pieds. Après avoir été dépouillé de cette façon ignominieuse, le prince fut enfermé. Les partisans décorés qui avaient joué le rôle d'officiers d'état-major subirent le sort de leur chef. Avant de juger la conduite de Louis-Napoléon, il est juste d'admettre que du moment où le colonel avait pu pénétrer dans la cour et assumer l'autorité que lui donnait sa fermeté plus résolue, il y avait du danger à lui résister, et même un danger plus grand que le commun des hommes n'est disposé d'habitude à en braver. D'ailleurs, la seule circonstance que le prince s'était volontairement placé dans une pareille position, montre qu'il avait une audace extraordinaire d'une certaine espèce, quoiqu'il pût faiblir au moment décisif.

Il serait injuste de dire carrément qu'un homme aussi disposé qu'il l'était à s'approcher du danger est lâche et timide; il serait plus juste de prétendre que son trait caractéristique est une témérité hésitante. Il ne pouvait changer sa nature, et sa nature le portait à s'aventurer à l'avance, et puis à se trouver réveillé en sursaut et saisi avec tant de violence par le contact réel avec le péril, que, selon toute apparence, il perdait l'ardeur, le désir ou le motif de jouer plus longtemps le rôle d'un *desperado*. Sa vanité et son penchant théâtral étaient, en vérité, les sources de sa hardiesse. Mais ces passions, quoiqu'elles eussent assez d'influence sur lui pour l'amener jusqu'à la limite extrême du danger, n'avaient pas la puissance de lutter avec avantage contre la tendance naturelle à tout homme de reculer devant le risque d'être tué, — d'être tué sur-le-champ.

Ayant conscience que pour ce qui regarde le chapeau, l'uniforme et les bottes il était bien l'empereur Napoléon, il s'imaginait que la grande entrevue de 1815, entre les soldats et l'homme de cent batailles, pourrait être de nouveau jouée entre lui-même et les troupes modernes de la France. Mais il est évident que cette conviction résultait chez lui de l'empire excessif qu'il avait laissé prendre à son inclination dominante et non du renoncement réel de sa raison. En effet, lorsqu'il se vit contrecarré dans son aventure, il n'essaya pas, comme un fou ou un bravache intrépide, de se risquer jusqu'au bout. Il ne tint pas même tête assez longtemps pour s'assurer si les sentiments bonapartistes auxquels il voulait en appeler, existaient réellement ou non.

Au contraire, du moment qu'il sentit le choc de la réalité, il s'arrêta tout court, et, devenant tout à coup tranquille, inoffensif et obéissant, il se soumit, comme il l'a toujours fait, au premier homme décidé qui le toucha. Le changement rappelait le miracle apparent qui s'opère lorsqu'une jeune fille, qui semble emportée par d'étranges hallucinations et par la force de la folie, s'apaise subitement à la suite d'une réprimande et d'une menace. Ayant accepté une petite somme d'argent (15,000 francs) du souverain qu'il avait essayé de détrôner, le prince Louis fut embarqué pour l'Amérique par le débonnaire roi des Français.

Mais s'il manquait de la qualité qui met un homme à même de mener une aventure à bonne fin, son penchant dominant était assez fort pour le pousser à recommencer sans cesse la même tentative. L'armée française ayant appris qu'il ne possédait pas les dispositions personnelles requises pour des entreprises de ce genre, et le ridicule s'étant attaché à son nom, il ne put dans la suite séduire aucun officier élevé au-dessus du grade de lieutenant. Néanmoins, il ne se désista pas. Bientôt il projeta un autre « retour de l'île d'Elbe, » cette fois avec de nouveaux uniformes et de nouvelles décorations. Tant qu'il préparait de faux drapeaux, de faux généraux et de faux soldats (1), tant qu'il apprenait à un misérable aigle égaré dans Londres à jouer le rôle d'augure pour les destinées de la France, il se montrait parfaitement versé dans cette espèce d'art politique. La composition

(1) Les uniformes imitèrent celui du 42e de ligne, un des régiments tenant garnison à Boulogne ; et des boutons portant le numéro de ce régiment furent contrefaits à cet effet à Birmingham.

des plébiscites et des proclamations, qui constituaient une grande partie de sa cargaison, était une occupation dans laquelle il était passé maître.

Mais, pour que ses dispositions pussent le faire réussir, il devait être prêt à se trouver, de bonne heure par une matinée d'été, dans la cour d'une caserne de Boulogne, entouré d'une troupe de partisans armés et soutenu par un officier de la garnison qu'il avait séduit préalablement. Mais il devait aussi s'attendre à rencontrer des soldats dont les uns seraient pour lui, les autres contre lui, d'autres encore pleins de confusion et de perplexité. C'est exactement ce qui eut lieu. Ses arrangements avaient été si bien pris, et la fortune l'avait si bien leurré, qu'il se trouvait enfin à l'endroit voulu, au milieu des circonstances mêmes qu'il avait préparées dans sa pensée. Mais en ce moment l'énergie lui fit défaut. Agité et perdant toute présence d'esprit (1), les ressources de son intelligence furent impuissantes à assurer le résultat de la lutte. N'ayant ni l'ardeur, ni la gaîté qui transportent les hommes nés guerriers au moment de la crise et du danger, il était peu propre à enflammer le cœur des soldats effarés. Aussi, lorsqu'à la fin un officier ferme et irrité (2) se fit jour, jusque dans la cour du quartier, il vainquit le prince presque à l'instant même par l'ascendant d'une nature plus résolue, et il le mit dans la rue avec ses cinquante adhérents armés, son drapeau, son aigle (3) et son état-major de mauvais aloi; tout comme s'il avait à faire à une troupe de comédiens ambulants (4). Et cependant, quelques semaines plus tard, le même prince Louis-Napoléon prouva, par son attitude devant

(1) C'est l'explication de son état mental qu'il donna lui-même devant la Chambre des Pairs. Son agitation, dit-il, fit partir son pistolet contrairement à son intention, et la balle blessa un soldat qui ne prenait pas parti contre lui. *Moniteur* de 1840, p. 2031-2034.

(2) Le capitaine Puygellier.

(3) L'aigle dont il est question ici était l'aigle en bois.

(4) Le *Moniteur, ubi ante.*

la chambre des pairs, que lorsqu'il avait le loisir d'arranger ses pensées et de gouverner son âme, il savait se conduire avec dignité et montra un soin généreux de la sécurité et du bien-être de ses partisans.

III

Un homme ainsi constitué devait être enclin à balancer longtemps pendant les premières phases d'un complot. Mais puisque, par suite de l'accident de sa naissance et de son ambition, le prince Napoléon posait devant le monde comme prétendant au trône de France, il se trouvait toujours entouré de quelques âpres aventuriers, désireux de partager sa fortune. S'il était des moments où ses désirs personnels l'auraient porté à se prononcer pour le repos ou pour un retard indéfini, ses sentiments envers la petite bande de ses partisans étaient trop dévoués pour qu'il pût négliger leurs pressants besoins.

En 1851, des motifs de la même espèce, joints au désappointement et à l'humiliation personnelle, poussaient le président en avant. Il avait toujours voulu provoquer un changement dans la constitution, mais à l'origine, il avait espéré qu'il pourrait y parvenir avec l'aide et l'approbation de quelques-uns, au moins, des principaux hommes d'État et des généraux ; et le fait qu'il souhaitait leur concours, tend à démontrer qu'il n'avait pas d'abord l'intention de fouler la France aux pieds en l'assujettissant à un despotisme véritablement asiatique, mais qu'il désirait plutôt une monarchie qui pût avoir l'appui d'hommes influents par leur position et leur caractère. Mais outre que peu de personnes lui croyaient l'habileté qu'il possédait réellement, un immense ridicule s'attachait à sa personne à cette époque. Aussi, quoiqu'il y eût un certain nombre de Français qui eussent avec délice vu la république écrasée par un dictateur, il n'y avait guère d'hommes politiques convaincus que le président était l'individu qu'il leur fallait. C'est pourquoi les ouvertures qu'il fit aux hommes distingués de France, furent invariablement rejetées. Tout orateur parlementaire auquel il s'adressa refusa d'accueillir ses propositions. Tout général qu'il pressa répondit sans cesse que pour tout ce qu'il ferait, il exigerait d'abord « un ordre du ministre de la guerre. »

Le président se voyant ainsi rebuté, il s'ensuivit que le plan de changer la forme du gouvernement avec l'assentiment des hommes éminents du pays, dégénéra en projets d'une autre espèce. A la fin, il tomba entre les mains d'un Persigny, d'un Morny, d'un Fleury. Il se mit à comploter avec ces hommes. Chose étrange ! il arriva que le caractère et les besoins pressants de ses associés, donnèrent de la force et un but à des desseins qui, sans ces stimulants, seraient pendant longtemps restés à l'état de rêves. Le président gaspillait l'argent avec aisance et générosité, et il donnait à ses adhérents tout ce qu'il pouvait distribuer. Mais le frein mis par la constitution républicaine était si efficace, qu'en dehors des limites étroites fixées par la loi, il n'avait en aucune façon les ressources de l'État à sa disposition. Dans leur amour invétéré d'un gouvernement fort, les républicains (1) avaient mis à la portée du chef de l'État d'amples moyens pour renverser tout l'échafaudage qu'ils avaient construit, et néanmoins ils le laissaient en proie à la même anxiété et le poussaient aux mêmes expédients qui d'habitude sont le partage des boutiquiers embarrassés dans leurs affaires. C'était, en effet, la situation fâcheuse du président. S'il envisageait l'avenir que lui faisait la constitution, il n'y voyait que

(1) Les républicains, il ne faudrait pas l'oublier, étaient pour la plupart opposés à la dangereuse institution de la présidence. Même lorsque l'article de la constitution concernant le président fut voté, ils présentèrent plusieurs amendements, entre autres celui de M. Grévy, qui portait que le chef du pouvoir exécutif devait être nommé par l'assemblée, et dépendre d'elle. C'est la majorité, composée d'orléanistes et de légitimistes, qui ne voulait pas se passer d'un président et d'un gouvernement fort : elle a chèrement payé ses tendances dominatrices. (*Note du traducteur.*)

la sombre perspective d'avoir, à jour fixe, à descendre d'une position élevée, dans la pauvreté et l'obscurité. Il eût été satisfait, peut-être, d'obtenir honnêtement ce dont il avait besoin. Dans les premiers jours de l'année, il avait insisté auprès de l'assemblée pour qu'elle augmentât les fonds dont il pourrait disposer. Il échoua. Dès ce moment il fallait s'attendre, même si le président n'était pas prêt à faire main basse sur la bourse de la France, à ce que ses associés, devenant de plus en plus impatients et de plus en plus pratiques, en arrivassent bientôt à pousser leur chef à l'action.

Le président avait été le promoteur de la loi du 31 mai, qui restreignait le droit électoral; il se fit alors le champion du suffrage universel (1). Aux hommes versés dans la politique, ce changement de front aurait dû suffire pour révéler la nature des projets que méditait le chef de l'État. Mais du commencement jusqu'à la fin, celui-ci avait habilement prononcé des paroles tendant à amoindrir les soupçons. Depuis le moment où il vint occuper le public de sa personne, depuis le mois de février 1848, le prince saisit chaque occasion qui s'offrait à lui pour protester qu'il ne nourrissait aucune idée contraire à la constitution. Le message qu'il envoya à l'assemblée, le 13 novembre 1850, peut être choisi, parmi beaucoup d'autres, comme un exemple de ces déclarations faites librement et solennellement (2). « Je considérerais, « disait-il, comme de grands coupables ceux qui, par ambition « personnelle, compromettraient le peu de stabilité que nous « garantit la constitution... Si la constitution renferme des vices « et des dangers, vous êtes tous libres de les faire ressortir aux

(1) Il est bon de rappeler que les orléanistes, les légitimistes et les bonapartistes, et parmi eux MM. Montalembert, Berryer, Odilon Barrot, Molé et autres coryphées parlementaires, siégeaient dans le comité qui prépara cette loi hypocrite. Dès lors le peuple se montra hostile à l'assemblée qui violait la constitution et refusa plus tard, dans la journée néfaste, de se lever pour la défendre. (*Note du traducteur.*)

(2) Voyez l'énumération, plus haut.

« yeux du pays. Moi seul, lié par mon serment, je me renferme « dans les strictes limites qu'elle a tracées... Inspirons au peuple « la religion du droit, en ne nous en écartant jamais nous- « mêmes... Ce qui me préoccupe surtout, soyez-en persuadés, « ce n'est pas de savoir qui gouvernera la France en 1852, c'est « d'employer le temps dont je dispose, de manière à ce que la « transition, quelle qu'elle soit, se fasse sans agitation et sans « trouble.

« Le but le plus noble et le plus digne d'une âme élevée n'est « point de rechercher, quand on est au pouvoir, par quels « expédients on s'y perpétuera, mais de veiller sans cesse aux « moyens de consolider, à l'avantage de tous, les principes « d'autorité et de morale qui défient les passions des hommes et « l'instabilité des lois. »

Ce fut par ce langage, bien combiné pour faire ajouter foi à ses paroles, qu'il rejeta comme impie et absurde l'idée qu'il était capable de violer la constitution. En supposant qu'au moment de ces déclarations volontaires il eût déjà résolu d'agir comme il agit plus tard, il serait coupable d'une supercherie extraordinairement odieuse. Peut-être une juste appréciation de sa tendance à donner accès dans son esprit à des vues doubles et contradictoires, et la connaissance de sa nature hésitante et des pressants besoins de ses associés, doivent-elles justifier l'opinion moins hostile de ceux qui pensent qu'à l'époque de ces protestations solennelles, il reculait en réalité devant la trahison. Certes, ses paroles semblaient bien par moments décrire l'état mental d'un homme poussé en avant, mais décidé à résister à des partisans affamés et résolus dont les cris importuns l'aiguillonnaient.

En examinant l'événement qui changea la république en un empire, l'attention de l'observateur devait naturellement se concentrer sur le personnage qui, déjà chef de l'État, allait monter sur le trône. Sans nul doute, ce qu'on pourrait appeler la besogne littéraire de l'affaire, fut accomplie par le président en personne. Il fut l'homme de loi de la bande. Il écrivit probablement les proclamations, les plébiscites, les constitutions et toutes autres choses de ce genre. Mais il paraît que la force d'impulsion qui amena le complot à bonne fin, fut donné par le comte de Morny et par un chef d'escadron résolu, nommé Fleury.

M. de Morny était un homme audacieux, doué d'une puissance de fascination peu commune. Il avait été membre de la chambre des députés du temps de la monarchie ; mais il était plus connu comme spéculateur de bourse que comme homme politique. Il se plaisait à acheter et à vendre ces titres de transactions aventurées qu'on est convenu d'appeler des « actions. » Puisque la nature de quelques-unes de ses opérations industrielles a été révélée devant les tribunaux, il est probable que sa réputation est en partie due à ces révélations (1). Il savait fonder une « société, » et il se chargea à cette époque d'établir des institutions qui devaient être plus lucratives pour lui qu'aucune de ses entreprises précédentes. M. de Morny était un homme pratique. Si le prince Louis-Napoléon pouvait se contenter de rêves de visionnaire, attendant avec confiance l'heure où la France reconnaissante viendrait de son plein gré le saluer empereur, M. de Morny n'était pas disposé à languir auprès de lui dans le pays stérile des songes.

Il paraîtrait néanmoins que l'homme le plus apte à pousser le président à l'action, à l'entraîner dans son propre complot, à le faire aller violemment jusqu'au bout, était le commandant Fleury. Fleury était jeune, mais sa vie avait été bien agitée. Il était fils d'un boutiquier parisien dont il avait hérité, au premier âge, une belle somme d'argent. Il se plongea dans les plaisirs de Paris avec telle une ardeur, que cette phase de sa carrière se termina bientôt. Mais tandis que les amis de son père déploraient

(1) Il est fait allusion ici au procès pour diffamation intenté à M. Cabrol, devant le tribunal de la Seine, les 21 janvier et 30 juin 1853 ; et au procès intenté par les actionnaires du *Constitutionnel* à Véron, Mirès et Morny.

sans doute dix fois par jour que « le drôle eût mangé sa fortune, » le jeune Fleury était au pied d'une échelle d'où il devait diriger les destinées d'une puissante nation. Il s'engagea dans l'armée comme simple soldat ; mais les officiers de son corps se prirent d'affection pour l'adolescent, et admirèrent tellement la bonne humeur avec laquelle il acceptait son changement de fortune, que leur faveur le fit bientôt sortir des rangs. Sa connaissance approfondie de tout ce qui concerne les chevaux fut sans doute cause qu'on l'attacha à l'état-major du président.

Par suite de son caractère et de son expérience de la vie, Fleury avait soif d'argent ou des choses que l'argent procure, et il n'était nullement disposé à rester tranquille et à s'en passer.

Il était hardi et déterminé, et son audace était de celles qui ne reculent pas à l'heure du danger. Si le prince Louis-Bonaparte était téméraire et habile dans la machination, Fleury était l'homme de l'exécution. L'un s'entendait à creuser la mine et à déposer la traînée de poudre; l'autre se tenait prêt, la mèche allumée à la main, résolu à toucher la fusée. L'appui d'un camarade tel que Fleury dans les cours des casernes de Strasbourg et de Boulogne aurait exposé bien des existences, mais du moins l'entreprise ne se serait pas terminée d'une façon ridicule. A dire vrai, la nature de l'un de ces hommes était le complément de la nature de l'autre. Entre eux deux ils possédaient une réunion de qualités tellement puissantes pour frapper un coup soudain, que, travaillant de concert et ayant toutes les ressources du gouvernement exécutif à leur disposition, ils purent réaliser un rêve étrange. Du moment que Fleury vint à participer à des secrets importants, le président, à ce qu'il semble, cessa d'être libre. Dans tous les cas, il lui en eût coûté cher de s'arrêter.

Le langage tenu par les généraux, qui déclaraient qu'ils n'agiraient que sous la responsabilité du ministre de la guerre, suggéra le plan auquel on eut recours. Fleury résolut de trouver un militaire capable de commander, capable de garder un secret, capable de risquer beaucoup. Le personnage choisi devait être habilement sondé, et s'il paraissait disposé à tenter l'aventure, on l'initierait au complot. Ensuite, on en ferait un ministre de la guerre, pour que par son entremise toute l'armée de terre fût mise à la disposition des conspirateurs. Fleury se rendit en Algérie pour trouver l'instrument requis. Il s'acquitta si bien de sa tâche, qu'il découvrit un officier général qui paraît avoir été baptisé sous le nom de Jacques-Arnaud Le Roy, mais qu'on connaissait sous celui d'Achille Saint-Arnaud. Nous parlerons plus loin (1) des aventures de ce personnage. Il n'y avait rien dans son passé, ni dans sa position, qui dût faire craindre à Fleury de l'aborder avec un langage de suborneur.

Il entra volontiers dans le complot. Du moment que le prince Louis Bonaparte et ses complices avaient confié leur secret à un homme choisi par Fleury, il devenait à peine possible de reculer. Les exigences de Saint-Arnaud, autrefois Le Roy, n'étaient pas assez modestes pour que les arrangements financiers d'une république gouvernée par les lois pussent les satisfaire; d'un autre côté, le mécontentement d'un personnage de son rang, en possession d'un secret pareil, serait évidemment gros de dangers pour les autres « frères. » On le nomma ministre de la guerre, le 27 octobre.

A la même époque, M. Maupas, ou de Maupas, entra au ministère. Au mois de juillet précédent, ce personnage avait été préfet du département de la Haute-Garonne. Ses amis disent de lui qu'il avait de la fortune, et qu'il n'avait pas l'habitude de se procurer de l'argent par des moyens malhonnêtes. Son zèle l'avait amené à vouloir faire emprisonner trente-deux personnes, parmi lesquelles se trouvaient trois membres du conseil général, sous la prévention de conspiration contre le gouvernement. Les autorités légales du département refusèrent de se conformer à ce désir, disant que l'accusation n'était pas fondée. Alors ce Maupas, ou de Maupas, proposa de suppléer par un stratagème à

(1) Dans le 3e volume.

l'absence de toute base de dénonciation, et à cet effet il offrit de propos délibéré de faire placer secrètement des documents criminels, des armes et des grenades dans les maisons des hommes qu'il voulait inculper. Il va sans dire que les officiers judiciaires du département furent frappés d'horreur à cette proposition et qu'ils dénoncèrent le préfet au garde des sceaux. Maupas fut appelé à Paris (1). M. Faucher le reçut avec dédain et indignation, et il sortit de l'audience en sanglottant. Ceux qui savaient ce qui s'était passé le crurent à jamais déshonoré et perdu. Mais il alla raconter ses chagrins au président. Le président vit naturellement tout de suite que l'homme pouvait être suborné. Il fut initié au complot, et le 27 octobre il fut nommé préfet de police.

Persigny, ou plutôt Fialin, était du complot. Il descendait, d'un côté, d'une ancienne famille, et le nom de son père lui déplaisant, il paraît s'être appelé pendant bien des années d'après celui de son grand-père maternel (2). Il fut d'abord sous-officier. Comme il l'a dit lui-même (3), son instinct était « de servir, » et en premier lieu, il servit les légitimistes. Mais le hasard le mit en contact avec Louis Bonaparte; il devint bientôt l'ami intime du prince, son associé dans tous ses projets et dans toutes ses aventures. Si Morny s'attachait seulement à la cause bonapartiste comme à toute autre spéculation, Persigny pouvait dire avec vérité qu'il en avait fait longtemps sa profession, et qu'il avait même essayé par tous les moyens de l'élever à la dignité d'un véritable principe politique. Mais le rôle confié à Persigny à cette occasion, quoique peut-être il ne fût pas sans importance,

(1) Voyez le *Bulletin français*, p. 98 et suiv. Cette publication parut sous des auspices qui lui conférent de l'autorité. Il est à regretter que les détails qu'elle donne s'étendent seulement à une partie des événements qui se rapportent au 2 décembre.

(2) Ce fut, je pense, l'explication qu'il donna lors du procès de 1840. Il fut condamné sous la désignation de Fialin dit Persigny.

(3) Devant la cour des pairs, en 1840.

ne frappait pas les yeux. On dit que, comme ses camarades ne comptaient pas beaucoup sur la fermeté du prince Louis Bonaparte, Persigny, qui était d'une nature sanguine et confiante, devait constamment rester à l'Elysée pour recevoir les nouvelles qui seraient apportées pendant la période de danger et les empêcher d'arriver au président, de peur de l'ébranler et de le désespérer. Dans tous les cas, ce n'est pas la main de Persigny dont on se servit pour exécuter les projets de l'Élysée; et c'est à cette circonstance qu'il devra de n'avoir pas toujours son nom accolé dans la même sentence à ceux de Morny, de Fleury, de Maupas et de Saint-Arnaud, autrefois Le Roy.

Il était nécessaire de prendre des mesures pour paralyser la garde nationale. Cette force se trouvait sous le commandement du général Perrot, homme dont l'honnêteté ne pouvait être entamée. Le renvoyer subitement eût excité les soupçons. Il fallut recourir à l'expédient suivant : le président nomma un certain Vieyra, chef d'état-major à la garde nationale. Le passé et la réputation de ce personnage étaient tels que le général Perrot se trouva, paraît-il, insulté et donna sa démission à l'instant. C'était tout ce que voulaient « les frères de l'Elysée. » Le dimanche, 30, le général Lawœstine fut investi du commandement. C'était un homme qui avait fait la grande guerre, et pourtant, malgré ses cheveux blancs, il ne rougit pas d'accepter le poste qui lui fut assigné. Il reçut pour mission, non de mener au feu la force dont il avait le commandement, mais de l'empêcher d'agir. Il était inutile d'initier Lawœstine et Vieyra entièrement au complot, parce que tout ce qu'on attendait d'eux était de priver l'assemblée de l'aide de la garde nationale, en retenant les ordres et en empêchant les tambours de battre la générale.

L'instrument sur lequel les frères de l'Elysée fondèrent leur principale espérance était naturellement l'armée. On savait que le souvenir de luttes humiliantes dans les rues de Paris avait aigri les troupes contre la population de la capitale. De plus, à cette époque l'Assemblée législative avait provoqué une discussion qui vint enflammer les soldats d'une nouvelle colère contre les bourgeois en général, mais plus particulièrement contre les Parisiens, les représentants du peuple et tous les hommes politiques. Un certain nombre de députés, prévoyant qu'on pourrait se servir de l'armée contre la liberté du Corps législatif, avaient demandé que l'Assemblée profitât d'un article de la constitution qui l'autorisait non seulement à se donner une force armée pour sa protection, mais même à mettre cette force sous les ordres d'un chef nommé par elle. Ce projet heurtait les préjugés de l'armée. En France, depuis de longues années, le ministre de la guerre avait toujours été un soldat, et un ordre donné par lui, quoique ce fût en réalité un arrêté émané d'un membre du gouvernement civil, était habituellement regardé comme l'ordre d'un général investi du commandement suprême. La proposition de changer ce système, en conférant à l'Assemblée un contrôle direct sur une portion de l'armée de terre, pouvait facilement être représentée aux régiments comme un dessein de retirer complétement la direction des troupes françaises à leurs généraux, et de les placer sous le commandement d'hommes que les troupiers appelaient des « avocats. » Envisagé sous ce point de vue, le projet exaspéra tellement les régiments que, s'il avait passé, ils auraient probablement été poussés à tenter sur-le-champ de changer la constitution par la violence. La mesure fut rejetée (1), mais la colère ne s'apaise pas toujours par l'éloignement de la cause d'irritation. Le déplaisir produit par la simple discussion de la question avait été si bien entretenu par les moyens em-

(1) Par suite des dissensions profondes qui divisaient l'assemblée, le parti républicain vota contre le projet des questeurs, faiblesse dont il eut à se repentir amèrement. Les représentants qui appartenaient à l'armée ne s'y trompèrent pas : ils votèrent *tous* pour la proposition. Nous ne parlons pas seulement des généraux, mais aussi du colonel Charras, du capitaine Tamisier, du capitaine Bruckner, du capitaine Millotte, du lieutenant Valentin et de quelques autres. Vraiment, les officiers réclamaient cette loi. (*Note du traducteur.*)

ployés à cet effet, que la garnison de Paris en vint à regarder le peuple avec un sentiment de rancune bien décidé.

On avait pris soin d'amener à Paris et dans le voisinage, des régiments disposés, selon toute apparence, à servir les projets de l'Elysée, et le commandement avait été conféré à des généraux que leurs scrupules embarrassaient fort peu. Toutes ces troupes se trouvaient sous les ordres du général Magnan. A l'époque où Louis-Napoléon débarqua sur la plage de Boulogne, Magnan avait eu le malheur d'être signalé par le prince comme un homme auquel il était convenable d'offrir un appât de 100,000 francs. Il avait également eu l'infortune de laisser découvrir la continuation de ses relations avec l'officier qui avait cru pouvoir sans danger faire une pareille offre à un général français. Magnan ne cacha pas qu'il était prêt à aller jusqu'au bout, et les « frères, » à ce qu'il paraît, voulaient l'initier tout à fait au complot; c'est du moins ce que l'on peut inférer de ce qui suit. Mais son panégyriste (qui ne voit peut-être pas toute l'importance de sa révélation) nous apprend que le général, quoique tout disposé à marcher contre Paris et contre l'Assemblée, refusa de se risquer en prenant ouvertement part à la conspiration. « Il demanda « expressément, » dit Granier de Cassagnac, « de n'être pas in- « formé avant le moment de prendre les dispositions néces- « saires et de monter à cheval (1). » En d'autres termes, quoiqu'il consentît à se servir des forces qu'il commandait pour détruire la constitution, et pour exécuter tout le carnage requis, il refusait de se passer de l'excuse fournie par un ordre du ministre de la guerre. Dans le cas où l'aventure échouerait, il pourrait dire : « J'ai refusé de prendre part à un complot. Le « devoir du soldat est d'obéir. Voici l'ordre que j'ai reçu du « général Saint-Arnaud. Je n'ai fait qu'obéir à mon chef. »

Le 27 novembre, cependant, Magnan réunit vingt généraux qu'il avait sous ses ordres, et leur fit comprendre que bientôt ils

(1) Granier de Cassagnac, 2e volume.

pourraient être appelés à marcher contre Paris et contre la constitution. Ils promirent une obéissance zélée et à toute épreuve. Et quoique chacun d'eux, depuis Magnan jusqu'au dernier, pût se mettre à l'abri derrière l'ordre de son chef, ils paraissent tous s'être imaginé que leur résolution était de celles que les hommes traitent d'héroïques. En effet, leur panégyriste raconte avec orgueil qu'au moment où Magnan et ses vingt généraux formèrent cette ligue contre la population de Paris ils s'embrassèrent solennellement (1).

De temps en temps, les simples soldats recevaient des présents de vivres et de vin, et des paroles flatteuses en abondance. Leur exaspération contre les bourgeois fut si bien entretenue, que les hommes qui avaient fait la guerre d'Afrique en vinrent à traiter les Parisiens de « Bédouins. » Il y avait un écho de massacre dans le son de ce mot. L'armée de Paris était dans la disposition requise.

Les conspirateurs avaient besoin du concours de M. Saint-Georges, directeur de l'imprimerie nationale. M. Saint-Georges fut suborné. Tout était prêt.

IV

Le lundi, dans la nuit du 1er au 2 décembre, le président eut sa réunion habituelle à l'Elysée. Les ministres, qui ignoraient loyalement ce qui se passait, étaient mêlés à ceux qui tramaient le complot. Vieyra était présent. Il causa avec le président, et prit sur lui d'empêcher la garde nationale de battre le rappel cette nuit. Il partit, et l'on prétend qu'il remplit son humble mission en faisant crever les tambours. A l'heure ordinaire, la réunion commença à se disperser, et à onze heures, trois convives seuls étaient restés. C'étaient Morny (qui avait pris soin

(1) Granier de Cassagnac, 2e volume.

de se montrer à l'un des théâtres), Maupas et Saint-Arnaud. Il y avait, en outre, un officier d'ordonnance du président, le colonel Béville, qui avait été initié au secret. Persigny, à ce qu'il semble, ne s'y trouvait pas. Morny, Maupas et Saint-Arnaud se rendirent avec le président dans son cabinet; le colonel Béville les y suivit (1). Le secrétaire particulier du président, Mocquard, était dans le secret, mais il ne paraît pas qu'il se trouvât dans l'appartement en ce moment. Il semble aussi que Fleury ait été absent; il était sans doute occupé à mettre fin aux hésitations de ses aînés, et à les pousser à hasarder l'entreprise. Ils devaient frapper le grand coup dans la nuit. Ils délibérèrent, mais en l'absence de Fleury, leur conseil était incomplet, parce qu'au moment même où peut-être leurs doutes et leurs craintes les faisaient encore reculer, Fleury, dans son impétuosité résolue, pouvait risquer une démarche qui les ferait avancer bon gré mal gré. Au bout de quelque temps, ils furent informés qu'un ordre donné pour faire marcher un bataillon de gendarmerie avait été exécuté sans attirer l'attention. Il est probable que Fleury était allé voir ce mouvement délicat de ses propres yeux et que c'est lui qui vint rapporter à l'Élysée la nouvelle d'un succès complet. Peut-être aussi vint-il démontrer qu'après cette mesure, il serait périlleux de s'arrêter court, car les conspirateurs avaient passé à l'action. Le président remit un paquet de manuscrits au colonel Béville, qui se rendit à l'imprimerie nationale.

Le bataillon de gendarmerie avait été réuni dans les rues qui entourent ce bâtiment. Pendant que Paris était plongé dans le sommeil, la troupe sortit tranquillement et se déploya autour de l'imprimerie nationale. Depuis ce moment jusqu'à celui où leur travail fut achevé, les imprimeurs se trouvèrent prisonniers; aucun ne put sortir. On les fit attendre quelque temps. Enfin le colonel Béville arriva de l'Élysée avec son paquet de manuscrits. Il était porteur des proclamations requises pour le lendemain

(1) Granier de Cassagnac, 2e volume.

matin, et M. Saint-Georges, le directeur, donna l'ordre de les composer. On raconte qu'il y eut une certaine résistance; mais enfin de guerre lasse, si ce n'est tout de suite, les imprimeurs obéirent. Chaque compositeur se mit à l'œuvre entre deux agents de police, et, comme le manuscrit était coupé en fragments, nul ne put découvrir le sens de ce qu'il composait. Dans ces proclamations le président affirmait que l'assemblée nationale était une serre-chaude de complots; il la déclarait dissoute; il se prononçait pour le suffrage universel; il proposait une nouvelle constitution; il protestait, du reste, qu'il était de son devoir de maintenir la république, et plaçait Paris et les douze départements qui l'avoisinent en état de siége. Dans un de ces manifestes il faisait appel à l'armée et s'efforçait d'aiguiser son ressentiment contre les bourgeois, en lui rappelant les défaites infligées aux troupes en 1830 et en 1848 (1).

Le président écrivit des lettres pour congédier les membres du gouvernement qui n'étaient pas initiés au complot; mais il ne les fit remettre que le lendemain matin. Il signa également un document qui nommait Morny au ministère de l'intérieur.

La nuit s'avançait. Quelques mesures importantes avaient été prises; néanmoins, quoiqu'il fût devenu très dangereux pour les conspirateurs de s'arrêter, la chose n'était pas absolument impossible. Ils pouvaient déchirer les lettres qui congédiaient les ministres, et, s'il n'y avait pas lieu d'espérer que les imprimeurs ne feraient pas de révélations dès qu'ils se trouveraient en liberté, il n'était pas trop tard pour cacher les paroles et même la portée générale des proclamations. Mais les démarches qu'on fit ensuite furent irrévocables.

On raconte qu'à cette heure de la nuit l'ardeur de quelques-uns des « frères » se refroidit, et que l'un d'eux recula et ne

(1) Granier de Cassagnac, 2e volume. Voyez aussi l'*Annuaire* de 1851. Cette publication (qu'il ne faut pas confondre avec l'*Annuaire des Deux Mondes*) donne sur les événements de décembre un exposé favorable à l'Élysée; mais l'appendice contient une collection complète de documents officiels.

voulut pas continuer l'aventure. Mais Fleury, à ce qu'on dit, se rendit seul dans une chambre avec l'homme qui désirait se retirer. Alors, fermant la porte et tirant un pistolet, il se plaça devant son ami terrifié et le menaça d'une mort instantanée s'il refusait d'aller en avant (1).

Il est certain que, poussés par la crainte ou par l'espérance, les conspirateurs poursuivirent leur besogne nocturne. L'ordre du ministre de la guerre fut probablement signé à deux heures et demie du matin, car à trois heures il se trouvait entre les mains de Magnan (2).

A la même heure, Maupas (prenant pour prétexte l'arrivée attendue de réfugiés étrangers) fit convoquer en toute hâte un certain nombre de commissaires à la préfecture de police. A trois heures et demie ces hommes arrivèrent. Maupas les reçut séparément et donna à chacun d'eux des instructions distinctes. Alors, pour la première fois, le grand secret des conspirateurs fut confié à des agents subalternes. Pendant quelques heures de cette nuit fatale chacun de ces humbles commissaires de police avait dans ses mains les destinées de la France : il pouvait obéir au ministre et mettre son pays à la merci de l'Élysée, ou bien il pouvait obéir à la loi, dénoncer le complot et amener les machinateurs devant la justice.

Maupas donna l'ordre d'arrêter à la même minute les généraux les plus distingués de la France et plusieurs des principaux hommes politiques. Des détachements d'agents de police, commandés chacun par un commissaire, étaient placés à l'avance devant la porte des personnes désignées, mais les arrestations ne devaient être opérées qu'à six heures un quart (3).

A six heures, une brigade d'infanterie, commandée par Forey,

(1) J'ai cru devoir introduire ce fait sous une forme qui lui donne pour base de simples rumeurs; mais je n'ai pas le moindre doute que l'incident a été déclaré vrai par l'une des deux personnes qui se sont trouvées en face.

(2) Granier de Cassagnac, 2e volume.

(3) *Ibid.*

investissait le quai d'Orsay; une autre brigade, sous les ordres de Dulac, occupait le jardin des Tuileries; une troisième, celle de Cotte, la place de la Concorde, et une quatrième brigade d'infanterie, commandée par Canrobert, avec une division entière de cavalerie, placée sous les ordres de Korte et une autre brigade de cavalerie sous Reybell, fut postée dans le voisinage de l'Élysée (1). Le principal objet que ceux qui placèrent les troupes avaient en vue n'était probablement pas en ce moment de terrifier Paris, mais plutôt d'appuyer les opérations de Maupas et de protéger les « frères de l'Élysée, » en les abritant derrière l'égide de l'armée tant qu'ils seraient à Paris, et en couvrant leur fuite, si la fuite devenait nécessaire.

Presque à la même heure, les ordres de Maupas furent exécutés avec une circonspection cauteleuse; car, à la minute fixée et pendant qu'il faisait encore obscur, la police entra dans les maisons désignées. Les plus illustres généraux de la France furent arrêtés. Le général Changarnier, le général Bedeau, le général Lamoricière, le général Cavaignac et le général Leflô furent saisis dans leurs lits, emmenés à travers la ville endormie et jetés en prison (2). A la même minute, la même chose arriva à quelques-uns des principaux membres et officiers de l'Assemblée nationale, à Thiers, à Baze, à Roger du Nord, au colonel Charras, au capitaine Cholat, au lieutenant Valentin, aux représentants républicains Nadaud, Greppo, Miot, Beaune et Lagrange. On arrêta également plusieurs hommes qu'on prenait pour les chefs des sociétés secrètes (3). L'objet principal de ces arrestations nocturnes fut de priver l'armée de généraux disposés à obéir à la loi et l'Assemblée des officiers chargés de la convoquer, et aussi de paralyser les partis politiques du pays par la disparition de leurs chefs. Le nombre des hommes arrêtés pendant les ténè-

(1) Granier de Cassagnac, 2e volume.
(2) *Ibid.*
(3) *Ibid.*

bres s'éleva à soixante dix-huit. Dix-sept d'entre eux étaient membres de l'Assemblée (1).

Pendant qu'il faisait encore nuit, Morny, escorté par un corps d'infanterie, prit possession du ministère de l'intérieur, et se prépara à toucher les ressorts de la machine merveilleuse par laquelle un commis peut dicter des ordres à une nation. Aussitôt il se mit à informer quarante mille communes de l'enthousiasme avec lequel la ville endormie avait reçu l'annonce des mesures qui n'étaient pas encore révélées.

V

Quand la lumière du matin vint à poindre, la population vit les proclamations affichées sur les murailles et apprit par degrés que quelques-uns des plus éminents hommes de la France avaient été saisis pendant la nuit, et que tout général dont les amis de l'ordre et de la loi pouvaient attendre de l'aide avait été jeté en prison. Les journaux auxquels on aurait pu recourir pour connaître en toute vérité ce que les autres pensaient et voulaient, furent tous saisis et arrêtés.

Les portes de l'Assemblée furent fermées et gardées. Mais les députés qui commençaient à s'y porter, trouvèrent moyen d'entrer, en passant par une des résidences officielles qui faisaient partie du bâtiment. Ils s'étaient assemblés en grand nombre, et quelques-uns d'entre eux, s'étant emparés de Dupin, leur président embarrassé, allaient le forcer à s'asseoir au fauteuil, quand un corps d'infanterie s'élança dans la salle et les expulsa à coups de crosse de fusil. En même temps, des députés qui s'étaient réunis près de l'entrée latérale de l'Assemblée furent maltraités et dispersés par un détachement d'infanterie légère. Douze représentants furent arrêtés par les soldats et emmenés prisonniers (2).

(1) Granier de Cassagnac, 2ᵉ volume.
(2) *La Vérité*, recueil d'actes officiels.

Dans la matinée, le président, accompagné de son oncle, Jérôme Bonaparte, et du comte de Flahaut (1), et suivi d'un grand nombre d'officiers généraux et d'un brillant état-major, parcourut à cheval quelques rues de Paris. Il semblerait que sa manie théâtrale avait induit le prince Louis à espérer de cette promenade une espèce de triomphe dont dépendrait sa fortune. Certes, l'impopularité de l'Assemblée, la promptitude et l'efficacité du coup porté dans la nuit, pouvaient à la rigueur motiver un pareil espoir. Mais il se doutait à peine du point de vue sous lequel la population satirique de Paris envisageait ses prétentions personnelles. Le moment où elle allait cesser de rire de lui était proche, mais il n'était pas encore venu. D'un autre côté, il lui répugnait de courir le risque qui seul eût pu lui attirer les acclamations du peuple, car il ne dépassa pas les rues et les quais occupés par les troupes. Somme toute, la réception ne paraît avoir été ni amicale, ni violemment hostile, mais froide et paisiblement dédaigneuse.

A la suite de cet échec, son ardeur semble s'être affaissée. Une fois de plus, quoique le cas ne fût pas aussi désespéré qu'à Strasbourg et à Boulogne, il avait éprouvé le choc du monde extérieur. Et, comme jadis, le choc le renversa. Il n'est pas étrange qu'il ait été déconcerté et abattu. Obéissant à sa vieille inclination, il avait préparé pour l'anniversaire d'Austerlitz une grande entrevue théâtrale entre lui-même et une puissante nation. Lorsque, après avoir quitté la chambre où la scène avait été arrangée et répétée, il se trouva en plein air et qu'il parcourut à cheval une rue après l'autre, il put s'assurer de minute en minute que Paris était trop affairé, trop sérieux, trop dédaigneux pour le saluer empereur. Il y a plus : la population, que ce soit par dégoût ou par insouciance, refusa même de lui accorder l'attention curieuse que les operations de la nuit précédente semblaient devoir exci-

(1) Je suppose qu'avant la nuit du 1er décembre, le comte de Flahault avait quelques données sur le complot.

ter. Et cependant ils étaient là — ce César offert aux suffrages et le groupe de capitaines qu'il avait de longue main préparés, — ils étaient-là, assis sur le dos de chevaux réels, portant des épées et des habits d'uniforme. Dans cette situation, un homme ne hait probablement rien autant que le soleil — le froid soleil de décembre. Le prince Louis retourna chez lui et ne se montra plus.

Dès lors il se tint presque constamment renfermé à l'Élysée. On raconte que là, dans un appartement intérieur, portant toujours le pantalon garance, mais tournant le dos à la lumière du jour, il se tint assis pendant de longues heures, penché sur la cheminée, les coudes appuyés sur les genoux, se couvrant le visage des deux mains.

Ce qu'on sait mieux, c'est que pendant la période de danger, on ne laissait pas arriver directement jusqu'à lui les bruits du dehors. Que ce soit pour se conformer à ses propres instincts lugubres, ou parce que ses complices avaient résolu de ne pas se laisser perdre par les effets de sa mélancolie, il fut soustrait au contact immédiat des messages alarmants. On pensait qu'il valait mieux pour lui d'entendre ce que Persigny ou Fleury croyaient pouvoir lui dire sans inconvénient, que de voir de ses propres yeux un aide de camp envoyé par Saint-Arnaud ou Magnan, ou quelque commissaire de police tout ému des sensations qui ébranlaient la santé de Maupas.

Repoussés de leur salle, les représentants du peuple s'assemblèrent à la mairie du dixième arrondissement. Là, sur la proposition de l'illustre Berryer, ils résolurent que l'acte de Louis Bonaparte entraînait la déchéance de la présidence, et ils ordonnèrent aux juges de la haute cour de se réunir et de procéder au jugement du président et de ses complices. Ces résolutions venaient d'être votées, lorsqu'un bataillon de chasseurs de Vincennes pénétra dans la cour de la mairie et monta les escaliers. Un des vice-présidents de l'Assemblée sortit pour sommer les soldats de s'arrêter et de respecter la liberté de la Chambre.

L'officier auquel cet appel s'adressait sentit le danger ou l'odieux de la tâche qui lui était imposée, et, déclarant qu'il n'était qu'un instrument, il ajouta qu'il s'en devait rapporter à ses chefs pour sa gouverne (1).

Immédiatement après, plusieurs bataillons de ligne, commandés par le général Forey, vinrent entourer la mairie. Les chasseurs de Vincennes reçurent l'ordre de marcher en tête. Ensuite, deux commissaires de police arrivèrent à la porte et, annonçant qu'ils étaient chargés de faire évacuer la salle, ils supplièrent l'Assemblée de céder. L'Assemblée refusa. Alors survint un troisième commissaire qui tint un langage impératif ; mais lui aussi paraît avoir reculé lorsqu'on lui fit comprendre l'illégalité de sa tentative. Enfin arriva un aide de camp du général Magnan, portant l'ordre écrit qui enjoignait à l'officier commandant le bataillon de faire évacuer la salle, au besoin par la force, et d'emmener à la prison de Mazas tout député qui résisterait. La rédaction de l'ordre montre la façon dont Magnan se blottissait sous son abri favori, car il y déclarait qu'il agissait « sur les ordres du ministre de la guerre (2). »

Le nombre des députés présents se montait en ce moment à deux cent vingt. L'Assemblée tout entière déclara d'un commun accord qu'elle résisterait et qu'elle ne céderait qu'à la force. En l'absence de Dupin, M. Benoist-d'Azy présidait. Lui et un des vice-présidents furent pris au collet par des agents de police et entraînés. Tous les représentants les suivirent et furent menés à travers les rues entre deux files de soldats. Le général Forey accompagnait la colonne à cheval. L'Assemblée captive traversa la rue de Grenelle, la rue Saint-Guillaume, la rue Neuve de l'Université, la rue de Beaune, et enfin le quai d'Orsay. Ce spectacle de la France ainsi prisonnière marchant à travers les rues, semble avoir attristé ceux qui en furent témoins : mais

(1) *La Vérité*, recueil d'actes officiels.
(2) *Ibid.*

c'était la tristesse d'hommes qui, spectateurs par hasard de quelque désagréable acte de violence, sont peinés de ce que personne ne vient le prévenir, et puis passent leur chemin. Les membres de l'Assemblée, se fiant trop à la force de la loi et du droit, avaient négligé d'amasser la foule dans le voisinage de la salle où ils se réunirent, ou bien ils n'avaient pas réussi; ceux qui virent la fin des institutions libres étaient des passants fortuits et peu nombreux. Il n'y eut pas de tempête d'indignation. Par une inspiration funeste, les républicains avaient décrété que les représentants du peuple devaient recevoir une indemnité. Cette disposition avait naturellement discrédité l'Assemblée, en détruisant les nobles sentiments avec lesquels un peuple libre aime à regarder son parlement (1). L'ouvrier parisien, brave et batailleur, mais malin et quelque peu envieux, comparait la somme de ses gages journaliers aux appointements des députés, et il ne lui semblait pas que la bonne cause à défendre fût celle d'hommes engagés comme patriotes à raison de vingt-cinq francs par jour. Cependant, par bon goût inné, par le sentiment juste de la différence entre ce qui est convenable et ce qui est ignoble, il se sentait offensé à la vue de ce qui se passait. Le travailleur parisien persévéra dans cette attente douteuse, et il vit son pays glisser hors du rang des États libres. Les portes de la caserne

(1) Je ne partage nullement l'opinion de M. Kinglake à ce sujet. Le cri contre « les vingt-cinq francs, » qui prit son origine dans l'entourage de l'Élysée, trouva peu d'écho dans la population ouvrière de Paris et ne fut répété que par les affidés de la société « du dix décembre. » Le peuple de Paris est trop intelligent pour ne pas avoir compris que dans une société démocratique, basée sur des institutions républicaines et sur le suffrage universel (ordre de choses sorti de la révolution du 24 février), il fallait enlever aux riches le privilége exclusif de faire des lois et mettre les pauvres et les hommes de la classe moyenne qui seraient élus par leurs concitoyens, à même de siéger dans les assemblées délibérantes de la nation. La dignité de l'assemblée se perdit par la lutte acharnée des partis, par les violences effrénées de la réaction, et nullement à cause de l'indemnité. Talleyrand ayant demandé à Louis XVIII ce qu'il accorderait aux députés, et ayant reçu pour réponse : « Rien! » s'écria : « Rien! c'est beaucoup trop cher! » (*Note du traducteur.*)

d'Orsay s'ouvrirent et l'Assemblée fut menée dans la cour. Puis les portes se refermèrent (1).

Il n'était que deux heures de l'après-midi. Mais l'obscurité était requise pour cacher ce qui allait suivre, et les membres de l'Assemblée furent tenus prisonniers dans la caserne. A quatre heures et demie, trois députés qui s'étaient trouvés absents (2), vinrent se constituer prisonniers avec les deux cent vingt déjà arrêtés. A huit heures et demie du soir, les douze députés qui avaient été saisis par les troupes à l'Assemblée même furent amenés au quartier, de sorte que le nombre des représentants emprisonnés se montait à deux cent trente-deux.

A dix heures moins un quart, en pleine nuit, des voitures cellulaires fermées, dont on se sert pour transporter les galériens, furent amenées dans la cour de la caserne, et les deux cent trente-deux membres de l'assemblée y furent jetés. Ils furent emmenés les uns au fort du mont Valérien, les autres au donjon de Vincennes, quelques-uns à la prison de Mazas.

Avant l'aube du 3 décembre, les plus éminents parmi les représentants du peuple et les plus illustres parmi les généraux de la France se trouvaient en prison. Outre le général Changarnier, et le général Bedeau, et le général Lamoricière, et le général Cavaignac, et le général Leflô; outre Thiers et Roger du Nord et le colonel Charras et les ouvriers Nadaud et Greppo; outre Baze et les nombreux républicains qui avaient été traîtreusement arrêtés pendant la nuit et que la prison retenait encore, deux cent trente-deux élus du peuple étaient plongés dans les cachots. Parmi ceux dont la haute réputation s'étendait au loin se trouvaient Berryer, Odilon Barrot, Barthélemy Saint-Hilaire, Gustave de Beaumont, Benoist d'Azy, le duc de Broglie, l'amiral Cécile, Chambolle, de Corcelles, Dufaure, Duvergier de Hauranne, de Falloux, le général Lauriston, Oscar Lafayette,

(1) *La Vérité*, recueil d'actes officiels.
(2) MM. Valette, Victor Lefranc et Bixio.

Lanjuinais, Lasteyrie, le duc de Luines, le duc de Montebello, le général Radoult-Lafosse, le général Oudinot, Vitet, Vatimesnil, le sage et profond de Tocqueville (1). Parmi les prisonniers on comptait douze hommes d'État qui avaient été ministres de cabinet, et neuf d'entre eux avaient été choisis par le président lui-même (2).

C'étaient là les hommes derrière lesquels les portes des prisons s'étaient refermées. Ceux qui les y jetèrent furent le prince Louis Bonaparte, Morny, Maupas et Saint-Arnaud, autrefois Le Roy, agissant tous de concert avec Fialin *dit* Persigny et sous l'impulsion de Fleury. Il est vrai que l'armée avait donné son aide; mais Magnan, qui la commandait, avait pris soin de s'abriter derrière les ordres du ministre de la guerre. S'il avait comparu devant les tribunaux, il se serait sans doute efforcé de démontrer qu'en agissant comme il l'a fait, en arrêtant au milieu de la nuit les plus grands capitaines de son pays, il était un instrument et non pas un conspirateur.

Les lois de la république imposaient à la haute cour le devoir d'informer contre les violations de la constitution. La cour siégeait quand une troupe armée entra dans la salle d'audience, et les juges furent chassés de leurs siéges, mais non sans avoir mis le président en accusation. Avant d'être expulsés ils ajour-

(1) Il y avait, des différentes nuances du parti républicain proprement dit, Antony Thouret, le pasteur Coquerel, Didier, Marc Dufraisse, Grévy, Hennequin, Émile Péan, le capitaine Tamisier, le véritable inventeur des canons rayés, et quelques autres. Tout le glorieux passé de la France, son talent et ses libertés, s'effacèrent le 2 décembre 1851. Les membres de la Montagne, en général, agirent en dehors de la majorité, que ses idées réactionnaires avaient rendue peu sympathique à la population, et cherchèrent à soulever le peuple des faubourgs. On trouvera plus loin et dans le livre publié par l'un d'eux, M. Victor Schœlcher (*Histoire des crimes du deux décembre*), un exposé détaillé de la résistance que l'assemblée fit au coup d'état. (*Note du traducteur.*)

(2) Les faits mentionnés dans ce paragraphe n'ont jamais été mis en question, que je sache; le récit le plus authentique et le plus succinct de ce qui s'est passé se trouve dans la lettre bien connue de M. de Tocqueville.

nèrent la cour à un jour « qui sera fixé ultérieurement, » et ils eurent le courage d'ordonner qu'une copie de la mise en accusation fût signifiée au président à l'Élysée (1). Si l'huissier avait rencontré le colonel Fleury dans ce palais, il aurait bientôt découvert que celui-ci n'était pas homme à laisser abattre son triste maître par la vue d'un officier ministériel porteur d'une méchante sommation émanée d'une cour de justice.

VI

Le courage éprouvé des Parisiens les avait accoutumés à l'idée de résister à l'injustice les armes à la main. Mais bien des causes empêchaient alors un appel à la force. Les événements de 1848 et les doctrines des sectes socialistes avaient rempli les esprits de terreur. Des personnes qui savaient ce que c'était que de craindre pendant des mois entiers pour leur vie et pour leur propriété étaient dans une disposition d'esprit qui les poussait à se mettre du côté du gouvernement exécutif le plus illégal contre l'insurrection la plus légitime. De plus, le sentiment de mépris que beaucoup de gens éprouvaient pour le président n'avait pas subi de changement immédiat par suite des événements du 2 décembre. Ce sentiment fut complétement modifié, comme on le verra, par le massacre du 4. Mais avant cette fatale après-midi, l'extravagance même du complot rappelait tellement l'invasion de Strasbourg et la grotesque descente à Boulogne, que, pendant les cinquante-quatre heures qui suivirent l'aube du 2 décembre, l'indignation du public fut affaiblie par l'idée du ridicule. Le cri dédaigneux « Soulouque » indiquait que Paris comparait Louis-Napoléon à l'empereur nègre qui avait travesti les exploits du premier Bonaparte. Il en était beaucoup qui trouvaient que la parodie du 18 brumaire ressemblait exactement à la même classe

(1) *Le Bulletin français.*

d'aventures que la parodie du retour de l'île d'Elbe. Il y avait certainement cette difference que, cette fois, au lieu de posséder quelques uniformes d'emprunt et quelques drapeaux imités, l'aventurier avait à sa disposition les ressources du pouvoir exécutif le plus puissant du monde. Néanmoins l'idée avait pris cours que le président tomberait aussi vite que possible, et que bientôt il serait défait et puni. D'ailleurs, par les moyens déjà décrits, les conspirateurs avaient paralysé la garde nationale. Il paraît aussi que la masse des ouvriers ne se croyait pas atteinte par ce qui venait de se passer. Le suffrage universel et la faculté de choisir un dictateur étaient des priviléges faits pour plaire à beaucoup de travailleurs honnêtes, mais crédules. La portion plus vile, celle dont le vice dominant est l'envie, était charmée des événements du jour; elle aimait à voir l'espèce de renversement des choses impliqué dans la circonstance que des hommes comme Lamoricière, Bedeau et Cavaignac, des hommes comme le duc de Luines, le duc de Broglie, Thiers et de Tocqueville pouvaient être enfermés dans une prison ou jetés dans une voiture cellulaire par des gens comme Morny, Maupas et Saint-Arnaud, autrefois Le Roy. Il n'y avait donc pas de matériaux suffisants pour constituer sur-le-champ des forces insurrectionnelles à Paris. La classe riche et la classe moyenne étaient indignées, mais elles avaient horreur de l'émeute. Les pauvres craignaient peu l'insurrection, mais ils n'étaient pas indignés. On sait, du reste, qu'en ce moment il n'y avait pas d'éléments de lutte dans la capitale. Généralement Paris abondait en hommes téméraires et prêts à lutter, aimant la bataille pour le plaisir de la bataille; mais cette partie de la société avait été écrasée par le terrible combat de rues de juin 1848, par les arrestations et les transportations qui suivirent la défaite des insurgés. Les soldats des barricades avaient vu s'enlever leurs armes et leurs chefs; ils étaient tellement diminués en nombre, qu'ils ne se trouvaient pas de force à tenter une émeute sérieuse, et leur impuissance était au comble par suite de la disparition soudaine des capitaines de rue et des meneurs des sociétés secrètes qu'on avait arrêtés dans la nuit du 1er au 2 décembre.

Cependant il existait un vieux reste des forces insurrectionnelles qui voulait construire des barricades ; il y avait, en outre, un petit nombre d'hommes poussés dans la même direction par des motifs bien différents. Ceux-ci étaient trop braves, trop fiers, trop fidèles à l'amour du droit et de la liberté pour se résigner, ne fût-ce que pendant une semaine, aux opérations de la nuit de décembre. A leur tête se trouvait l'illustre Victor Hugo. Lui et quelques autres membres de l'assemblée qui avaient échappé à l'arrestation formèrent un comité de résistance, dans le but d'affirmer par les armes la suprématie de la loi. Ils prirent cette mesure le 2 décembre (1).

Plusieurs membres de l'assemblée se rendirent au faubourg Saint-Antoine et essayèrent de soulever le peuple. Parmi ces représentants se trouvaient Schœlcher, Baudin, Aubry, Dulac, Chaix, Bruckner, Malardier, Deflotte et d'autres. Ils étaient vigoureusement appuyés par Cournet, dont la demeure devint leur quartier général, par Xavier Durrieu et d'autres écrivains attachés à la presse démocratique. Par un effort d'énergie personnelle plutôt qu'avec l'aide du peuple, ces hommes élevèrent une petite barricade au coin de la rue Sainte-Marguerite. Un bataillon du 19e marcha contre elle.

Alors eut lieu une scène qui peut à la rigueur provoquer un sourire, et qui néanmoins vous contraint presque à admirer le pédantisme touchant d'hommes courageux qui s'imaginaient que, sans moyens politiques, ni ressources militaires, ils seraient forts par la force même de la loi. Abandonnant leurs fusils et revêtant les écharpes qui les désignaient comme représentants du peuple, ils se placèrent devant la barricade, et l'un d'eux, Ch. Baudin,

(1) Le comité de résistance était composé de MM. Carnot, Deflotte, Jules Favre, Victor Hugo, Madier-Montjau, Michel (de Bourges) et Schœlcher. (*Note du traducteur.*)

tenait le livre de la constitution à la main (1). Quand la tête de colonne arriva à quelques mètres de la barricade, elle fit halte. Pendant deux ou trois minutes il régna un profond silence. La loi et la violence étaient en présence. D'un côté, se trouvait le code démocratique que la France avait adopté et déclaré perpétuel; de l'autre côté était placé un bataillon de ligne. Charles Baudin, montrant son livre, se mit à parler de leur devoir aux soldats. Mais le fond de son argumentation roulait sur la présomption qu'il fallait obéir à la loi, tandis qu'il paraît que l'officier commandant refusait d'accorder ce que les logiciens appellent les « prémisses majeures; » car, au lieu d'accepter les déductions nécessaires, il fit un signe d'impatience. Et puis les fusils du premier rang s'abaissèrent et ajustèrent soudain : une seconde plus tard, les balles sifflaient au milieu du groupe de représentants couverts de leurs écharpes. Baudin tomba mort, la tête fracassée par plus d'un projectile. Un autre homme fut tué par la volée ; plusieurs furent blessés. Le livre de la constitution tomba par terre, et les défenseurs de la loi retournèrent à leurs fusils. Ils tuèrent l'officier qui avait provoqué la mort de leur camarade et révoqué en doute leurs prémisses majeures. Il y eut un combat homérique pour le cadavre de Charles Baudin. Le bataillon s'en empara. Quatre soldats l'emportèrent (2). Évidemment, la tentative faite au faubourg Saint-Antoine n'avait pas l'appui de la multitude. Elle s'éteignit.

Le comité de résistance fit alors élever des barricades dans l'amas de rues situées entre l'hôtel de ville et le boulevard, centre habituel des insurrections parisiennes. Mais les combattants n'étaient pas assez nombreux pour occuper les maisons, et ainsi les troupes traversèrent les rues sans danger et prirent

(1) M. Schœlcher, présent lui-même, nie que l'un ou l'autre des représentants du peuple ait tenu le livre de la constitution à la main. Il dit fort bien : « Il n'en était pas besoin. Nous étions là le droit vivant, le papier n'y faisait rien. » *Les crimes du deux décembre.* (*Note du traducteur.*)

(2) Xavier Durrieu, p. 23, 24.

aisément les barricades qui leur barraient le chemin. Quand les soldats s'éloignaient, les barricades se relevaient pour être aussitôt reprises. Cet état de choses continua pendant la majeure partie de la journée du 3 décembre. Mais plus tard les efforts des troupes se relâchèrent; pendant la nuit et toute la matinée du lendemain, la construction de barricades au centre de Paris ne fut pas sérieusement empêchée (1).

VII

A deux heures de l'après-midi du 4, telle était la situation de Paris : — Les rues qui séparent le boulevard du voisinage de l'hôtel de ville étaient barricadées et tenues par les insurgés; mais le reste de la ville n'était pas sérieusement troublé. L'armée s'approchait. Elle comptait près de quarante-huit mille hommes (2) et se composait de troupes de toute arme, de cavalerie, d'infanterie, d'artillerie, de sapeurs du génie et de gendarmes. De grands corps d'infanterie étaient postés de manière que des brigades s'avançant de tous les points de la ville pussent converger simultanément sur le district couvert de barricades. En outre, par les moyens déjà décrits, les troupes avaient été amenées à nourrir un profond ressentiment contre la population de Paris. On leur avait fait clairement comprendre qu'aucune considération pour les simples passants ne devait arrêter leur feu; qu'elles ne devaient pas donner de quartier; qu'elles devaient mettre à mort non seulement les combattants qu'elles verraient les armes à la main, mais aussi tous ceux qui, sans avoir été aperçus, pouvaient être censés avoir pris parti contre elles. Si l'on ne perd pas de vue que la fonction — fonction judiciaire — de décider qui rentrerait dans la dernière catégorie, était dévolue à des soldats

(1) Dépêche de Magnan, au *Moniteur*.
(2) 47,928.

furieux; on voit tout de suite que l'armée de Paris avait été amenée dans les rues avec des instructions bien faites pour produire les événements qui marquèrent l'après-midi du 4 décembre (1). Pour des raisons alors inconnues, les troupes s'abstenaient d'agir, et il y avait une assez longue distance entre les têtes de colonne et les avant-postes des insurgés.

Il est certain que, par suite de sa propre hésitation ou par suite de celle du président, ou de M. Saint-Arnaud, le général commandant l'armée de Paris reculait (2). Et vraiment, quoique la tâche physique qu'il avait à remplir fût bien légère, Magnan dut s'apercevoir qu'il avait encouru des dangers politiques. Les dispositions mécaniques de la nuit du 2 décembre avaient eu un succès admirable; mais à d'autres égards l'entreprise des frères de l'Élysée semblait clocher, car aucun homme marquant ou bien posé n'était venu soutenir le président. Il était beaucoup d'amis de la tranquillité et du repos qui désiraient voir Louis-Napoléon réussir à renverser la constitution ou du moins à la violer suffisamment; mais ils avaient supposé qu'il n'entreprendrait rien de pareil sans l'appui de quelques-uns au moins des orateurs politiques qu'on connaissait comme les champions de l'ordre. Les hommes de cette classe furent heurtés dans leurs idées et perdirent tout espoir, lorsqu'ils découvrirent, le 2 décembre, que tous les adhérents honorables de leur parti avaient été jetés en prison, et que les seuls individus qui donnassent leur concours et leur sanction morale au président étaient Morny, Maupas ou de

(1) Je tiens ce que j'avance ici sur les choses qu'on faisait comprendre aux troupes d'une source excessivement favorable à l'Élysée.

(2) Dans sa dépêche, Magnan explique son retard en paroles qui tendent à justifier la conclusion que l'occasion de massacrer la population de Paris fut recherchée et préparée de propos délibéré. Mais je ne suis pas disposé à croire que pour atteindre un pareil but, un général français voulût perdre les sept premières heures d'une courte journée de décembre; c'est pourquoi je rejette le récit de Magnan, quant à ses motifs. Je pense que les révélations faites devant la chambre des pairs, en 1840, me donnent le droit de juger moi-même quel poids est dû aux assertions de ce personnage.

Maupas, et Saint-Arnaud, autrefois Le Roy. La liste des ministres qui fut publiée le lendemain ne contenait pas un seul nom entouré de considération, et les conspirateurs de l'Élysée, terrifiés, à ce qu'il paraît, de l'état d'isolement dans lequel ils se trouvaient, eurent recours à un curieux stratagème. Ils formèrent ce qu'ils nommèrent une « commission consultative, » et promulguèrent un décret qui désignait comme membres de ce corps, non seulement la plupart des machinateurs eux-mêmes, et d'autres individus qu'ils avaient à leur service, mais aussi près de quatre-vingts hommes éminents, distingués par leur caractère et par leur position (1). En donnant à entendre que ces quatre-vingts hommes étaient membres de la commission, le décret contenait un faux. L'un après l'autre, les hommes qui portaient des noms honorés rejetèrent l'idée qu'ils avaient consenti à « se consulter » avec Louis Bonaparte, avec Morny et Fleury, avec Maupas ou de Maupas, et avec Saint-Arnaud, autrefois Le Roy (2). L'Élysée tira un grand avantage de ce stratagème, parce que pendant bien des heures précieuses, et même pendant des journées entières, il empêcha le pays d'apprendre la vérité sur le nombre et sur la qualité des personnages qui réellement soutenaient le président. Mais Magnan la connaissait, la vérité ; et quand, dans la matinée du 4 décembre, il vit que même le succès complet des dispositions prises le mardi, n'avait pu procurer à l'Élysée l'appui d'hommes influents, l'alarme qui paraît avoir été la cause de son inaction ne fut pas sans motifs.

Mise en regard de l'état d'isolement dans lequel les conspirateurs se trouvaient toujours, l'insurrection, toute faible qu'elle fût, devenait une source de danger pour le général commandant les troupes. Ce n'eût pas été une chose nouvelle d'agir contre les insurgés pour la défense de la loi, et d'après les ordres de ce

(1) *Annuaire,* Appendice.

(2) Des lettres écrites à cet effet parurent de temps à autre dans les journaux anglais.

qu'on appelait communément « le gouvernement. » Mais cette fois la loi se trouvait du côté des insurgés, et la bande qui s'était emparée des bureaux de l'État n'était pas composée d'hommes dont la réputation pût compenser l'absence d'autorité légale par l'influence du caractère personnel. Il était donc tout naturel que Magnan, malgré l'ordre bien-aimé du ministre de la guerre, dût penser beaucoup à ce qui lui arriverait si, par hasard, au moment même où il tacherait ses mains du sang des Parisiens, le complot dont il était l'instrument venait à s'affaisser, parce qu'il n'avait pas l'appui d'hommes d'État éminents et honorés.

Mais enfin on parvint à faire comprendre à Magnan qu'il lui fallait rester debout ou tomber avec ceux auxquels il s'était allié; quoiqu'il se crût à l'abri derrière « l'ordre du ministre de la guerre, » le témoignage d'un seul des vingt généraux qui s'étaient réunis chez lui, le 27 novembre, suffisait pour l'amener à peu près dans la même position que les conspirateurs avoués. L'emploi judicieux de cette espèce de torture devait dispenser le commandant Fleury de montrer même la poignée de son pistolet. Quoi qu'il en soit, Magnan consentit enfin à marcher contre l'insurrection. Il avait perdu toute la matinée et la plus grande partie de l'après-midi d'une courte journée de décembre. Mais à deux heures, les troupes reçurent l'ordre d'avancer, et à trois, toutes les têtes de colonne qui convergeaient vers le point de l'insurrection se trouvaient tout près des barricades contre lesquelles elles marchaient.

VIII.

L'avant-poste des insurgés, du côté du nord-ouest, était couvert par une petite barricade qui traversait le boulevard près du théâtre du Gymnase. Une vingtaine d'hommes, ayant des armes et un tambour empruntés en partie au magasin des acteurs, se trouvaient derrière ce rempart. Un petit drapeau, ramassé par hasard, était planté au sommet de la barricade (1). Faisant front à cette petite barricade, à la distance de cent cinquante mètres à peu près, était la tête de la grande colonne de troupes qui occcupait en ce moment tout le boulevard occidental; deux pièces de campagne étaient pointées sur ce faible rempart.

Dans l'espace neutre entre la barricade et la tête de colonne, les boutiques et presque toutes les croisées étaient fermées, mais un grand nombre de spectateurs, comprenant beaucoup de femmes, remplissaient le trottoir. Ces curieux couraient évidemment le risque d'être blessés par des balles égarées. Mais à l'ouest de l'espace occupé par la tête de colonne, l'état des boulevards était bien différent. De ce point jusqu'à la Madeleine toute la chaussée était tenue par les troupes; l'infanterie était formée en colonnes serrées. Tout le long de cette partie du brillant boulevard, les fenêtres, les balcons et les trottoirs étaient couverts d'hommes et de femmes qui contemplaient le spectacle militaire. Ces curieux n'avaient aucune raison de supposer qu'ils pussent courir un danger quelconque, car ils ne voyaient personne que l'armée eût à combattre. On avait, il est vrai, apposé des affiches qui recommandaient aux habitants de ne pas encombrer les rues, et qui les avertissaient qu'ils s'exposaient à être dispersés par les troupes sans sommation préalable. Mais ceux qui par hasard avaient lu cet avis s'imaginaient naturellement que c'était une menace dirigée contre la foule tumultueuse qui se presserait contre les troupes d'une façon hostile. Personne n'avait pu la prendre pour un arrêt de mort prononcé contre des passants paisibles.

A trois heures, une des pièces de campagne qui se trouvaient

(1) La grande barricade de ce quartier traversait le boulevard diagonalement, près de la porte St-Denis. Il n'en est pas parlé dans le texte, parce que je me propose ici, non pas de décrire en détail les préparatifs des insurgés, mais de montrer simplement quel était l'état du boulevard au point où leur avant-poste faisait face aux troupes.

sur le front de la colonne fut déchargée contre la petite barricade près du Gymnase. Le boulet passa bien au dessus du but. Les troupes placées à la tête de la colonne envoyèrent quelques coups de fusil du côté de la barricade, et les insurgés essayèrent faiblement de riposter, mais personne ne fut blessé ni d'un côté, ni de l'autre. L'engagement, si toutefois on peut l'appeler ainsi, était si languissant et si inoffensif, que même les spectateurs placés sur le trottoir entre les troupes et la barricade ne furent pas détournés de rester à la place où ils se trouvaient. Quant aux curieux postés plus loin vers l'ouest, ils n'avaient aucune cause d'alarme, car ils ne pouvaient voir personne qui résistât aux troupes. Ainsi, tout le long du boulevard, de la Madeleine jusque tout près de la rue du Sentier, les trottoirs, les croisées et les balcons restaient remplis d'hommes, de femmes et d'enfants, et de la rue du Sentier jusqu'à la petite barricade du Gymnase, les spectateurs couvraient le trottoir, mais là les fenêtres étaient fermées (1).

Quelques personnes prétendent qu'un coup de fusil fut tiré d'une croisée ou du toit d'une maison située près de la rue du Sentier. D'autres le nient, et un témoin déclare que le premier coup vint d'un soldat placé vers le centre d'un bataillon, et que ce soldat tira tout droit en l'air. Or, voici ce qui s'ensuivit : les troupes placées à la tête de la colonne firent volte-face vers le sud et ouvrirent le feu. Quelques soldats tirèrent à bout portant sur la masse des spectateurs qui les regardaient du trottoir; les autres visèrent les croisées et les balcons (2). En général, les officiers ne donnèrent point l'ordre de faire feu, mais en apparence ils étaient aussi bouleversés que leurs subordonnés, car ceux qu'on pouvait apercevoir d'un balcon situé au coin de la rue

(1) Ce que je dis de l'état des boulevards en ce moment est emprunté à bien des autorités qui s'accordent entre elles, mais la déclaration du capitaine Jesse (voyez plus loin) est la plus claire de toutes pour ce qu'il a vu lui-même.

(2) Le capitaine Jesse.

Montmartre paraissaient consentir à tout ce que faisaient les soldats (1).

L'impression qui faisait agir les militaires postés près de la tête de colonne ressemblait de bien près à une panique, car elle se propagea comme une contagion d'un homme à l'autre, du boulevard Bonne-Nouvelle au boulevard Poissonnière, et puis au boulevard Montmartre, où elle s'étendit rapidement jusqu'à ce qu'elle atteignît le boulevard des Italiens. Ainsi, par un mouvement que les tacticiens appellent une « conversion, » une colonne de quelque seize mille hommes, faisant face à l'est du côté de la rue Saint-Denis, se forma subitement en ordre de bataille, pour ainsi parler, faisant front au sud, et se mit à tirer sur la foule qui couvrait le trottoir et sur les hommes, les femmes et les enfants placés aux balcons et aux croisées de ce côté du boulevard (2). Ce qui rendit le feu dirigé contre les maisons plus meurtrier fut la circonstance que, même après qu'il eut commencé à l'extrémité orientale du boulevard Montmartre, les personnes placées aux croisées et aux balcons ne pouvaient ni voir ni supposer que les troupes tirassent réellement à cartouches. Elles restaient dans les chambres donnant sur la rue, et s'exposaient même aux regards, jusqu'à ce qu'une volée de coups de fusil vînt les atteindre. A l'une des fenêtres se trouvait un jeune noble russe, ayant sa sœur à ses côtés, quand soudain ils furent tous deux blessés par des balles. Un chirurgien anglais, qui regardait d'une autre croisée de la même maison, eut la bonne fortune d'échapper sain et sauf. Il se mit à soigner les deux blessés, et fut si profondément touché, dit-il, de leur dévouement, de leur abnégation et du profond amour qu'ils semblaient éprouver l'un pour l'autre, qu'il apprécia plus que jamais la puissance d'écarter la mort.

Quant aux gens placés sur les trottoirs et qui ne furent pas frappés à la première décharge, les uns s'élancèrent pour cher-

(1) Le capitaine Jesse.
(2) *Ibid.*

cher un abri à leur portée; d'autres essayèrent de ramper sur les mains et les genoux, dans l'espoir de voir les balles passer par-dessus leurs corps. L'idée de fusiller les spectateurs avait été subite, mais elle ne fut pas passagère. Les soldats chargèrent et rechargèrent leurs fusils avec une étrange constance; ils s'empressaient de tuer, de tuer encore et toujours, comme si leur existence dépendait du nombre d'individus qu'ils pourraient massacrer dans un temps donné.

Quand il n'y eut plus de foule au milieu de laquelle on pût tirer à tout hasard, les soldats choisirent soigneusement pour point de mire quelque fugitif isolé qui cherchait à s'échapper. Si quelque malheureux essayait de se sauver en s'approchant des troupes pour demander grâce et merci, les militaires l'engageaient à se retirer, s'ils ne l'y forçaient pas, et ensuite ils le criblaient de balles à la course. Cette tuerie d'hommes et de femmes sans armes dura un quart d'heure ou vingt minutes. Parmi les personnes qui se trouvaient aux balcons près du coin de la rue Montmartre, il y avait un officier anglais. Par suite de la position où il se trouvait, de sa profession et du calme qu'il mit à faire ses observations, par suite aussi de la responsabilité extraordinaire qui pèse sur un narrateur militaire, son témoignage sera sans doute toujours recherché par les historiens qui tiendront à faire un récit exact de la manière dont fut fondé le second empire français.

Au moment où le feu commença, cet officier regardait les troupes se déployer. Sa femme était à ses côtés. Il était placé de façon à parcourir le boulevard des yeux dans un espace d'environ huit cents mètres en se tournant vers l'est, et, s'il regardait du côté de l'ouest, il pouvait voir le point où le boulevard Montmartre touche au boulevard des Italiens. Voici ce qu'il écrit :

« Je me plaçai sur le balcon où ma femme se tenait debout, et « j'y restai pour regarder les troupes. Tout le boulevard, aussi « loin que l'œil pouvait percer, en était rempli. Il y avait prin- « cipalement de l'infanterie en colonnes serrées; çà et là se trou-

« vait un assemblage de pièces de douze et d'obusiers, dont « quelques-uns occupaient le terrain élevé du faubourg Poissonnière. Les officiers fumaient des cigares. Les croisées étaient « remplies de monde, surtout de femmes, de boutiquiers, de « domestiques et d'enfants, ou, comme c'était le cas pour nous, « des personnes qui habitaient les appartements. Tout à coup, « pendant que je regardais attentivement, à l'aide d'une longue-vue, les troupes placées au loin vers l'est, quelques coups de « fusil furent tirés près de la tête de la colonne, composée de « 3,000 hommes environ. Le feu s'étendit dans l'espace de « quelques secondes, et, après s'être arrêté quelque peu, il descendit le boulevard, comme une lance de flamme ondulante. « Mais la fusillade était si régulière dans le début, que je la pris « pour une salve de mousqueterie tirée pour annoncer qu'une « barricade était tombée ou pour un signal donné à une autre « division. Ce n'est que lorsqu'elle arriva à une cinquantaine de « mètres de la place où je me trouvais que je reconnus la détonation perçante de la cartouche à balle. Même alors j'en pus « à peine croire le témoignage de mes oreilles, car mes yeux ne « découvraient pas d'ennemis. Je continuai à regarder les hommes « jusqu'au moment où la compagnie placée au dessous de moi se « mit à élever les fusils; un « vagabond » plus éveillé que les « autres, — un vrai gamin sans favoris ni moustaches, — m'avait « déjà couché en joue. A l'instant même où je rejetai ma femme, « qui venait de faire un pas en arrière, contre le trumeau placé « entre les fenêtres, une balle frappa le plafond directement au « dessus de nos têtes et nous couvrit de plâtre et de poussière. « Une seconde plus tard, je couchai ma femme sur le plancher; « une autre seconde de plus, toute une volée de coups de fusil « fut dirigée contre la façade de la maison, contre le balcon et « les croisées. Une balle brisa la glace de la cheminée, une autre « le verre de la pendule; toutes les vitres furent cassées, à « l'exception d'une seule; les rideaux et les chambranles furent « déchirés; en un mot, la chambre fut criblée. Le balcon de fer,

« quoiqu'il fût un peu bas, nous protégeait considérablement..
« Néanmoins les balles pénétraient dans la chambre, et, pendant
« que les soldats rechargeaient leurs fusils, j'entraînai ma femme
« vers la porte et je me réfugiai dans les chambres de derrière.
« Le bruit de la mousqueterie se fit entendre pendant plus d'un
« quart d'heure. Au bout de quelques minutes, les canons furent
« détachés et pointés contre le magasin de M. Sallandrouze,
« cinq maisons à notre droite. Ce que tout cela signifiait
« était une complète énigme pour tous les habitants de la mai-
« son, étrangers ou Français. Les uns croyaient que les troupes
« avaient pris parti pour les rouges ; les autres suggéraient l'idée
« qu'on avait dû tirer contre elles quelque part, quoique cela ne
« fût certainement pas arrivé dans notre maison ni dans aucune
« autre située sur le boulevard Montmartre, car nous l'eussions
« vu du haut du balcon... Cette fusillade, faite de gaîté de
« cœur, doit avoir été le résultat d'une panique; les soldats
« pensaient sans doute que les croisées étaient remplies d'enne-
« mis cachés, et ils voulurent garantir leur « peau » en faisant
« feu les premiers. Ou bien c'était une impulsion sanguinaire...
« Comme je l'ai déjà dit, les hommes tirèrent une volée après
« l'autre pendant plus d'un quart d'heure, sans qu'il leur fût
« riposté; ils tuèrent bien des malheureux qui restaient sur le
« boulevard sans pouvoir obtenir accès dans une maison ; plu-
« sieurs personnes furent frappées tout près de notre porte (1). »
Ce que vit avec calme cet officier anglais, des milliers de Français et de Françaises le virent avec une horreur frénétique.

Si les officiers s'abstinrent en général d'ordonner le massacre, le colonel Rochefort ne suivit pas cet exemple. Il commandait un régiment de lanciers, et déjà il avait avec ses cavaliers exécuté des charges contre les chaises et contre les flâneurs qui se trouvaient dans le voisinage du café *Tortoni*. S'imaginant ensuite

(1) Lettre du capitaine Jesse, insérée d'abord dans le *Times*, du 13 décembre 1851, et reproduite dans le *Registre annuel*.

qu'un coup de fusil était parti d'une portion du boulevard occupée par l'infanterie, il se mit à la tête d'un détachement qui chargea la foule. L'historien militaire de ces événements raconte avec complaisance que près de trente cadavres, presque tous bien mis, furent les trophées de cet exploit (1).

Dans un espace de mille mètres, à l'est de la rue Richelieu, le pavé du boulevard était jonché de corps ensanglantés, et en plusieurs endroits ils étaient littéralement entassés. Quelques personnes mortellement blessées purent faire un pas ou deux en chancelant, jusqu'au moment où elles trébuchèrent sur un cadavre ; et c'est sans doute pour cette raison que beaucoup d'entre elles étaient couchées en un lugubre monceau. Devant une boutique on compta jusqu'à trente-trois cadavres. Près du paisible petit réduit qu'on nomme la cité Bergère, on en trouva trente-sept. Les meurtriers étaient des milliers et des milliers de soldats armés ; les victimes faisaient partie d'une foule qui ne sera jamais additionnée : mais, parmi tous ces meurtriers et toutes ces victimes, il n'était pas un seul combattant. Il n'y eut ni combat, ni émeute, ni tumulte, ni querelle, ni dispute (2). C'était un massacre d'hommes non armés, de femmes et d'enfants. La position des cadavres en rendait témoignage. Des corps placés de loin en loin se gravaient plus profondément dans la mémoire que des corps entassés. Les uns ne pouvaient oublier l'aspect d'un vieillard aux cheveux argentés qui n'avait d'autre arme que le parapluie tombé de ses mains crispées.

Les autres tressaillirent en apercevant le gai désœuvré des boulevards, le dos appuyé contre une maison, raidi par la mort, mais à peine séparé du cigare qui se trouvait par terre à portée

(1) Cela se passa sur le boulevard Poissonnière. Mauduit. p. 217, 218, Mauduit parle de ces trente hommes tués comme d'individus armés ; mais il est avéré qu'il n'y avait point d'hommes armés sur le boulevard Poissonnière, et par conséquent je n'hésite nullement à rejeter cette partie de son récit.

(2) Je parle ici du boulevard qui s'étend depuis la rue du Sentier jusqu'à l'extrémité occidentale du boulevard Montmartre.

de sa main. D'autres encore gardèrent un profond souvenir d'un apprenti imprimeur collé contre une devanture de boutique; car, quoique le jeune garçon eût été tué, les épreuves qu'il portait étaient demeurées dans ses mains, et elles flottaient au vent rougies par son sang (1).

L'historien militaire de ces exploits se laisse aller à parler avec une véritable joie du nombre de femmes qui furent frappées mortellement. Après avoir accusé le sexe tendre du crime impardonnable d'avoir abrité les hommes contre le feu des troupes, le colonel écrit : « Plus d'une amazone du boulevard a « payé chèrement son imprudente connivence avec cette espèce « de barricade. » Et puis il exprime l'espoir que les femmes profiteront de l'exemple, et que ce sera « une leçon pour l'avenir (2). » Une femme qui tomba et qui mourut en étreignant son enfant, ne lâcha prise ni pendant la vie, ni pendant la mort, car l'enfant aussi fut tué. Des mots que pendant longtemps on avait employés comme des figures de rhétorique, reprirent leur ancienne signification : le monde en avait de nouveau besoin pour dépeindre la réalité. Les coups de fusil ne font pas verser beaucoup de sang, en proportion du carnage qu'ils accomplissent; néanmoins, le trottoir était dans bien des endroits si rouge et si humide qu'on ne pouvait y passer sans être éclaboussé. Autour des arbres du boulevard on laisse un peu de terre, afin de donner au tronc de l'espace pour s'étendre. Après avoir formé des mares sur l'asphalte, le sang finit par s'écouler dans ces petites cavités; comme il s'y coagula, il y resta plus d'un jour et beaucoup de personnes le virent. « Leur sang, » dit l'officier anglais que j'ai déjà cité, « leur sang avait coulé dans les creux autour des

(1) Pour une description de l'état du boulevard après le massacre, voyez les déclarations écrites de témoins oculaires, déclarations envoyées à Victor Hugo et imprimées dans son récit. On verra que je n'adopte pas les conclusions de M. Victor Hugo; mais on ne peut révoquer en doute ni l'authenticité ni la vérité des rapports qu'il a recueillis.

(2) Mauduit, p. 278.

« arbres, et nous l'y vîmes le lendemain à midi, quand nous « passâmes. » Il ajoute : « Les boulevards et les rues adja- « centes ressemblaient sur quelques points à une véritable bou- « cherie (1). » Quelque incroyable que cela puisse paraître, il n'en est pas moins constant que l'artillerie fut employée contre quelques maisons du boulevard. Du côté septentrional, les édifices avaient été tellement battus en brèche que le trottoir était couvert de plâtre et des débris produits par les pièces de campagne.

Les soldats pénétrèrent par effraction dans bien des maisons, et poursuivirent les habitants d'étage en étage, afin de les saisir et de les tuer. Sans doute, ils commirent ces atrocités dans l'idée que des coups de fusil étaient partis de la croisée; mais il est bien avéré que presque toujours, si ce n'est absolument partout, cette impression était erronée. Un ou deux soldats s'élançaient avec fureur contre une certaine porte, et cela suffisait pour faire croire à leurs camarades qu'on avait tiré des fenêtres, et pour amener dans la maison suspectée toute une bande de massacreurs. Le magasin de M. Sallandrouze fut pris de force de cette façon. Quatorze personnes éloignées de tout secours cherchèrent un abri derrière un monceau de tapis. Les soldats les tuèrent pendant qu'elles étaient accroupies dans un coin.

IX

Pendant que ces choses se passaient sur le boulevard, quatre brigades convergeaient vers les rues où l'on tentait de faire une résistance, faible, il est vrai, et irréfléchie. L'une après l'autre, les barricades furent battues en brèche par l'artillerie et emportées sans lutte sérieuse. Mais on s'était arrangé de manière que, même s'il ne devait pas y avoir de combat, il pût du moins y

(1) Le capitaine Jesse.

avoir du carnage. Le mouvement convergent des troupes prévenait toute évasion, et tôt ou tard les passants étaient poussés dans une rue que les soldats barraient des deux côtés. Alors, combattants ou simples spectateurs, on les fusillait, pour ainsi dire, à bout portant. Cette idée de parquer la foule fugitive eut tant de succès, que Magnan put déclarer, sans expliquer ses paroles, que les hommes qui défendaient les barricades du quartier Beaubourg avaient été mis à mort (1).

Pour la même raison, le gouvernement put annoncer que de tous les individus qui tenaient la barricade de la Porte Saint-Martin les troupes n'avaient pas épargné un seul (2). Parmi les individus massacrés ainsi se trouvaient des hommes qui combattaient, d'autres qui s'enfuyaient, mais le plus grand nombre se composait de prisonniers inoffensifs et sans armes, à la merci des soldats qui les fusillaient. Quelle qu'ait été la cause du massacre des spectateurs innocents sur les boulevards (3), il est incontestable que la mise à mort des prisonniers enlevés près des barricades fut amenée, parce qu'on avait insinué aux troupes qu'elles ne devaient pas faire de quartier. Maintes fois, sans doute, les soldats obéirent aux inspirations de l'humanité et sauvèrent les combattants vaincus; mais cette clémence était regardée comme un délit, et la faute fut réparée par l'exécution des prisonniers.

Parfois, grâce à un sentiment tout naturel, une maison s'ouvrit pour accueillir les fugitifs; mais cet abri ne fut pas longtemps tutélaire. Ainsi, lorsque la barricade près de la porte Saint-Denis fut enlevée, cent hommes furent pris et fusillés jusqu'au dernier.

Leur sang ne suffit pas; en pénétrant dans les maisons qu'on

(1) Voyez sa dépêche, datée, si je ne me trompe, du 9 décembre. *Moniteur.*

(2) *La Patrie* (un des organes officiels du président) du 6.

(3) Voyez, vers la fin de ce chapitre, l'argumentation qui se rapporte à ce sujet.

supposait contenir des fugitifs, les soldats s'emparèrent de trente individus de plus, et ces infortunés furent également tués (1). Par ce qui s'est passé dans une petite rue, on peut juger de la façon dont la soldatesque traita les habitants des maisons suspectées de s'être ouvertes aux malheureux prisonniers. Après avoir décrit la prise d'une barricade dans la rue Montorgueil, l'historien militaire de ces événements raconte qu'on fit immédiatement fouiller les cabarets. « On y fit cent prisonniers, » dit-il, « la plupart desquels avaient les mains encore » noircies par la poudre, preuve évidente de leur participation » à la lutte. Comment alors était-il possible de ne pas exécuter » contre beaucoup d'entre eux, les prescriptions terribles de » l'état de siége (2)? »

X

Cette tuerie fut accomplie sous l'empire d'ordres si rigoureux, et néanmoins maintes fois avec tant de sang-froid, que quelques malheureux reçurent la permission de disposer de leur argent avant d'être fusillés. Ainsi, un pauvre garçon auquel on dit qu'il allait mourir supplia l'officier de lui permettre d'envoyer à sa mère quinze francs qu'il avait en poche. L'officier prit l'adresse de la mère de cet homme, reçut de lui les quinze francs et puis le tua. Ceci fut répété bien des fois.

Des prisonniers en grand nombre furent amenés à la préfecture de police. On paraît avoir pensé qu'il ne serait pas bon que le bruit de la mousqueterie, sortant de l'enceinte de ces bâtiments, fût entendu au dehors. En conséquence, on eut recours à une autre méthode de faire taire les hommes. Il est difficile de

(1) Cette circonstance est révélée par un officier engagé dans l'affaire, — non pour s'en repentir mais pour s'en vanter comme d'un exploit.

(2) Mauduit, p. 248.

croire à de pareilles choses, mais nous avons pour garant le récit d'un ancien membre de l'Assemblée constituante, qui déclare qu'il les a vues de ses propres yeux. Chaque prisonnier auquel ce sort était réservé était poussé, les mains liées derrière le dos, dans une des cours de la préfecture; alors arrivait un des agents de Maupas qui le frappait à la tête d'une massue plombée et l'assommait — tout comme on assomme un bœuf (1).

XI

Il arrive parfois que des troupes sont obligées de tuer des insurgés pendant la lutte, et souvent des personnes non armées qui se trouvent dans la ligne du feu partagent le sort des combattants. Tout le monde comprend cela. Parfois aussi un officier a fait mettre des hommes à mort, non parce qu'ils empêchaient les mouvements des troupes, mais parce qu'il s'imaginait que leur présence pourrait devenir une source de trouble ou de danger. En conséquence, il se croyait en droit de les faire fusiller par mesure de précaution. Mais généralement un acte de ce genre était précédé des supplications les plus instantes, de sommations répétées de se disperser. On pourrait qualifier ce procédé de meurtre préventif de spectateurs téméraires, obstinés ou embarrassants. Il est encore arrivé qu'un massacre de cette espèce a eu lieu sans avoir été précédé de sommations, sans qu'on ait donné aux gens le temps de se séparer. C'est là une tuerie vo-

(1) M. Xavier Durrieu, ancien membre de l'assemblée constituante, déclare avoir été témoin oculaire de ces faits qu'il pouvait voir de la fenêtre de sa cellule. Il dit : « Souvent, quand la porte était refermée, les sergents de ville « se jetaient comme des tigres sur les prisonniers attachés les mains derrière « le dos. Ils les assommaient à coups de casse-tête. Ils les laissaient râlant « sur la pierre où plusieurs d'entre eux ont expiré... Il en est ainsi ni plus ni « moins, nous l'avons vu des fenêtres de nos cellules qui s'ouvraient sur la « cour. » — *Le Coup d'État*, par Xavier Durrieu, ancien représentant du peuple, p. 39, 40.

lontaire et méchante de passants : mais enfin la présence de ces passants pouvait devenir préjudiciable aux troupes, et ainsi le massacre n'est pas entièrement dépourvu de motifs. Enfin, comme nous venons de l'exposer, des soldats qui n'étaient pas engagés dans un combat, qui ne se trouvaient exposés à nul danger réel, ont subitement fait feu sur une foule d'hommes et de femmes qui ne leur résistaient pas et qui ne les embarrassaient nullement. Ceci constitue un « massacre fait de propos délibéré. » D'un autre côté, il est parfois arrivé, même dans les temps modernes, lorsque des hommes vaincus ont déposé les armes et se sont rendus, demandant grâce et merci, que les soldats auxquels ils adressèrent cet appel furent impitoyables et les tuèrent sur-le-champ. Cela se nomme « ne pas faire de quartier. » Il est aussi arrivé que des combattants défaits, qui avaient jeté bas les armes et qui s'étaient rendus, ne furent pas tués immédiatement, mais faits prisonniers par les vainqueurs, et que quelques minutes plus tard (comme, par exemple, après le temps requis pour prendre les ordres d'un officier à cheval qui se trouvait à quelques pas) ils furent mis à mort. Cela s'appelle « tuer les prisonniers. » D'autre part, des combattants vaincus qui se sont constitués prisonniers sont restés sains et saufs pendant un espace de temps assez prolongé, mais ils furent exécutés plus tard dans des circonstances indiquant que l'acte fut commis avec réflexion. Cela se nomme « tuer les prisonniers de sang-froid. »

Parfois, après un combat de rue, des soldats se sont précipités dans des maisons dans lesquelles ils pensaient trouver des gens favorables à leurs adversaires, et cédant à un transport de rage, ils se ruèrent sur des hommes et des femmes qu'ils n'avaient pas vus lutter contre eux et les mirent à mort. C'est un massacre de personnes inoffensives, mais du moins il est commis par des individus enivrés par la bataille. Enfin, il est arrivé que des soldats, arrêtant des gens non armés qu'ils prenaient pour les amis de leurs antagonistes, ont mis un frein à leur fureur et qu'au lieu de les tuer, ils les ont faits prisonniers ; mais plus tard, sur des ordres plus cruels que la soldatesque irritée, ces prisonniers ont été passés par les armes. Cela s'appelle « une exécution de sang-froid d'innocents non armés. »

Ainsi, voilà une énumération de non moins de neuf catégories de massacres, de catégories tellement distinctes qu'elles ne diffèrent pas seulement dans les choses accessoires, mais qu'elles sont séparées l'une de l'autre par une gradation morale. Il est constant que des actions qui rentrent dans toutes ces catégories, furent commises à Paris, le 4 décembre 1851, et il n'est pas moins constant que, quoique ces actions fussent toutes prescrites séparément, elles furent toutes amenées par les « frères de l'Élysée. » De plus, il faut se rappeler que ce massacre de prisonniers était le massacre d'hommes accusés d'avoir couru aux armes, non pour violer, mais pour défendre les lois de leur pays.

Si l'on ne tient pas compte de l'honorable orgueil des officiers et des soldats, une armée pourrait encore être employée à d'autres fins. Dans une ville comme Paris, beaucoup de prisonniers peuvent être arrêtés pendant une insurrection, soit par l'immense bande d'agents de police, soit par les troupes qui reculeraient devant la pratique odieuse de ne pas donner quartier à des hommes pris sans avoir les armes à la main. Ces prisonniers, après avoir été déposés dans les prisons ordinaires, se trouveraient sous la garde des autorités civiles.

Le gouvernement, regrettant que certains hommes aient été pris vivants, pourrait avoir envie de les mettre à mort, tout en trouvant peu politique de les tuer par la main du pouvoir civil. Dans cet embarras, — si l'obstacle créé par l'honneur et par le juste orgueil de la profession des armes n'intervenait pas, — on pourrait se servir de pelotons de fantassins, non pour la défense, non pour l'attaque, non pour la bataille, mais pour épargner aux employés civils une tâche qu'ils regardent comme très vile, pour remplir à leur place les fonctions d'exécuteurs. Ces pelotons pourraient même aider au gouvernement à cacher l'acte en se mettant à l'ouvrage pendant les heures sombres de la nuit.

Est-il vrai qu'avec la sanction du ministère de l'intérieur et de la préfecture de police, et sur l'ordre du prince Louis Bonaparte, de Saint-Arnaud, de Magnan, de Morny et de Maupas, l'armée de Paris ait accompli une œuvre de ténèbres de cette espèce?

Pour tous ceux qui ne demeurent pas dans la capitale de la France, il n'existe pas de certitude complète sur le sort d'un très grand nombre de prisonniers qui furent amenés, le 4 et le 5 décembre, dans les prisons et les autres lieux de détention. Les habitants de Paris sont d'un avis opposé. Ils ne paraissent avoir aucun doute à cet égard. Voilà les bases sur lesquelles leur opinion se fonde en partie : — une famille, désireuse de s'assurer du sort d'un parent qui avait disparu, intervint auprès d'un homme tellement haut placé, qu'elle lui attribuait assez d'autorité pour interroger les personnages officiels. Le récit de cet homme jette une vive lumière sur ce qui s'est passé. Pour découvrir ce que l'absent pouvait être devenu, il lia connaissance avec un juge suppléant. Dès qu'il laissa tomber un mot concernant ses investigations, le fonctionnaire fut transporté de colère à la seule pensée des horreurs dont il avait été témoin; mais il paraît que son indignation n'était pas tout à fait étrangère à des sentiments d'orgueil blessé, à la douleur d'avoir vu des étrangers empiéter sur sa juridiction. Il raconta qu'il avait été chargé de se rendre dans quelques geôles pour interroger les prisonniers, afin de décider s'il y avait lieu de les détenir ou de les mettre en liberté. Pendant qu'il remplissait cet office, un détachement de sous-officiers et de soldats entra dans la salle; ces hommes déclarèrent d'un ton grossier qu'ils avaient l'ordre de se défaire de ceux des prisonniers dont les doigts seraient noircis. Ensuite, sans avoir égard à la protestation du juge suppléant, ils examinèrent les mains des malheureux qui se trouvaient là, prononcèrent que les doigts de beaucoup d'entre eux portaient des traces de poudre et emmenèrent à l'instant même les « condamnés, » dans le but de les fusiller : c'est du moins ce que le fonctionnaire crut avoir compris. Le juge était moralement certain qu'ils avaient été exécutés, mais évidemment il n'avait pas vu lui-même ce qu'il advint des prisonniers après que les soldats se furent emparés d'eux.

D'un autre côté, pendant les nuits du 4 et du 5, des personnes qui prêtaient l'oreille dans les quartiers tranquilles de Paris entendaient subitement des feux de pelotons séparés, — chose qui, à cette heure avancée, n'était jamais arrivée auparavant et qui ne s'est pas répétée depuis. Ces détonations venaient surtout de la direction du Champ de Mars, mais elles retentissaient aussi du côté des jardins du Luxembourg et vers l'Esplanade des Invalides, et dans quelques autres endroits. Ceux qui se trouvaient dans les environs de l'Esplanade racontent que le bruit des feux de peloton était accompagné de cris et de gémissements. Une fois, au milieu d'exclamations perçantes, ils entendirent quelques paroles plaintives suivies de bien près d'un grand cri, et ils crurent que c'était le râle douloureux d'un jeune garçon qui avait été mal atteint et qui expirait après une cruelle agonie.

En partie pour des motifs pareils, et plus peut-être par suite de la rumeur universelle, Paris en vint à croire et, à tort ou à raison, Paris croit encore aujourd'hui que pendant les nuits du 4 et du 5, les prisonniers furent fusillés par détachements et jetés dans des fosses. D'un autre côté, les adhérents de l'empereur des Français nient que les soldats aient fonctionné comme exécuteurs (1).

Ainsi le poids d'une dénégation impérialiste, quelle que soit la valeur qu'on lui attribue, est jeté dans la balance contre les preuves incomplètes sur lesquelles Paris fonde ses assertions. Il ne faut pas perdre de vue pour quelle raison une question de ce genre

(1) Granier de Cassagnac, 2e volume.

peut être enveloppée d'obscurité. On demande s'il est vrai ou faux que, pendant une nuit donnée, des escouades de Parisiens aient été fusillées par des pelotons de soldats dans les places publiques, comme le Champ de Mars, ou le jardin du Luxembourg. Par sa nature même, cette question ne serait pas restée douteuse pendant quarante-huit heures, si Paris n'avait, à cette époque, perdu toute liberté de parole et toute liberté de presse. Même aujourd'hui, après un laps de temps assez considérable, elle serait résolue avec justesse et rapidité, si la France recouvrait la liberté. Or ceux qui privèrent Paris de la liberté de la parole et de la liberté de la presse sont les mêmes personnages dont on prétend que, pendant deux nuits du mois de décembre, ils ont fait fusiller leurs concitoyens par détachements. Ainsi, les accusés eux-mêmes ont enlevé tout moyen de constater la vérité. Dans cet embarras, la justice ne veut pas être bafouée. S'écartant sagement des voies ordinaires, dans un cas pareil, elle écoute le témoignage incomplet porté contre le recéleur, et puis, demandant hautement que celui qui cache la vérité soit tenu de la rendre à la lumière du jour, sous peine de subir les conséquences de sa manœuvre, elle transfère de l'accusateur à l'accusé l'obligation de fournir des preuves rigoureuses. Puisque le prince Louis et ses complices ont fermé tout accès qui mène à la vérité, ils sont astreints de rester sous le coup de l'accusation portée contre eux, ou bien de prouver, en tant qu'ils pourraient le faire, qu'ils n'ont pas ordonné de faire fusiller des escouades de citoyens français par des pelotons de soldats dans les nuits des 4 et 5 décembre.

XII

On ne connaîtra jamais exactement le nombre des personnes tuées par les troupes pendant les quarante heures qui suivirent le moment du massacre sur les boulevards. Les cadavres furent pour la plupart enterrés dans l'ombre de la nuit. Pour arriver à un calcul approximatif de l'étendue du carnage, on ne peut pas même s'en rapporter entièrement aux détails fournis par les officiers qui prirent part à l'œuvre ; car, pendant quelque temps ils avaient l'idée que l'avancement était favorisé par une participation zélée, et que celui qui s'était le plus profondément plongé dans le massacre avait le plus de chances. Le colonel d'un des régiments qui s'étaient acharnés à la tuerie, parla pendant que toute l'affaire était encore fraîche dans sa mémoire. Il serait peu sûr d'admettre l'exactitude de sa déclaration. Mais comme il est certain que cet homme avait pris part aux événements qu'il raconte et qu'il désirait qu'on ajoutât foi à ses paroles, son témoignage n'est pas sans valeur : il représente, pour ne pas dire davantage, ce qu'un officier qui devait savoir la vérité pouvait avancer sans être taxé d'exagération. Or il déclara que son régiment seul avait tué deux mille quatre cents hommes. En supposant que son relevé s'approche quelque peu de la vérité, et que d'autres corps aient voulu rivaliser avec le sien, le nombre des hommes massacrés monterait à un chiffre formidable (1).

Et l'armée qui fit toutes ces choses ne compta que vingt-cinq hommes tués ! (2).

XIII

De tous les hommes qui habitent les villes, le peuple de Paris est peut-être le plus guerrier. Les Parisiens sont moins accoutumés que presque tous les autres Européens à priser trop haut leur propre vie ou celle de leurs concitoyens. Chez eux,

(1) Le nombre des régiments engagés dans Paris était de trente à quarante ; vingt environ d'entre eux appartenaient aux divisions qui prirent une part active aux événements.

(2) En y comprenant tous les officiers et soldats tués du 3 au 6 décembre. Voyez le rapport officiel au *Moniteur*, p. 3062.

l'ivresse du combat fait taire la crainte et la douleur, et ils avaient l'habitude des batailles de rue.

Mais ils n'étaient plus accoutumés à voir massacrer des gens inoffensifs et sans armes. En assistant aux horreurs du 4 décembre, la grande cité fut frappée comme de la peste. Un Anglais observateur, qui rencontra par hasard quelques personnes fuyant devant ces scènes de carnage, déclare que leur visage avait une teinte livide qu'il n'avait jamais aperçue auparavant. C'est qu'il n'avait encore jamais vu les figures de gens qui venaient d'être témoins d'un massacre. On dit que le saisissement produit chez beaucoup d'hommes braves, quoique sensibles, par ce lugubre coup d'œil et ces cris déchirants, fut tel que leur force s'en trouva brisée et qu'ils sanglotaient comme de petits enfants.

Avant la matinée du 5, l'insurrection armée avait cessé. Elle avait été faible dès le début. D'un autre côté, la résistance morale qu'on opposait aux actes du président et de ses associés s'était accrue. Au moment où le massacre commença, dans l'après-midi du 4 décembre, cette opposition morale était devenue formidable au suprême degré. Il arriva cependant que, par suite de la prostration étrange produite par le massacre, l'insurrection armée entraîna dans sa chute la politique de ceux qui croyaient que la force de l'opinion et celle du ridicule les mettaient à même d'envoyer les conspirateurs à Vincennes. La cause des hommes qui se fiaient à la résistance morale était absolument distincte des tentatives faites par les combattants des barricades; mais néanmoins cette cause dépendait de l'élan populaire. Et cet élan, confondu et déconcerté le 2 décembre par un stratagème et par une attaque nocturne, était maintenant écrasé sous le poids de l'horreur.

Par sa beauté, sa grandeur, sa réputation historique, par ses exploits guerriers, par l'autorité avec laquelle elle dirige une puissante nation et couronne ou détrône ses rois, la ville de Paris se trouve sans rivale parmi les cités de la terre. Et cependant, par suite de la paralysie dont l'atteignit le massacre du boulevard, ce Paris, — ce Paris si beau, si héroïque, — cette reine renommée au loin, fut livrée pieds et mains liés, au prince Louis Bonaparte, à Morny, à Maupas, ou de Maupas, et à Saint-Arnaud, autrefois Le Roy.

Le bénéfice que le prince Louis retira du massacre ne fut pas transitoire. Une des maximes de la politique française est, quoi qu'il arrive, qu'un homme qui cherche à régner sur la France ne doit pas paraître ridicule. Depuis 1836 jusqu'en 1848, le prince Louis n'était jamais sorti de l'obscurité que pour provoquer le rire du monde entier. Son élection à la présidence n'avait servi qu'à attirer d'autant plus sur lui la raillerie et le sarcasme que Paris sait si bien distribuer (1). Même la promptitude et le succès du coup frappé dans la nuit du 1er au 2 décembre n'avaient pu décider Paris à le prendre au sérieux. Il en fut autrement après trois heures de l'après-midi du 4. Alors les adversaires les plus implacables de ce prince à la destinée étrange contribuèrent puissamment à servir sa cause ; à mesure qu'ils s'efforçaient de prouver que lui et lui seul avait concerté et ordonné le massacre (2), ils faisaient disparaître l'incapacité qui jusqu'à ce jour l'avait empêché de devenir le maître de la France. Avant que la nuit vînt couvrir les actes du 4 décembre, le ridicule s'était évanoui devant les cadavres livides amoncelés sur les boulevards.

XIV

Les provinces subirent le sort de la capitale. Pendant qu'il faisait encore sombre dans la matinée du 2, Morny, se glissant

(1) Un coup d'œil jeté sur le *Charivari* de 1849, de 1850, et des premiers onze mois de 1851 suffira pour vérifier cette assertion. La suspension de ce journal satirique fut un des premiers actes accomplis par les vainqueurs du 2 décembre.

(2) On verra plus loin que je révoque en doute la vérité de cette accusation.

au ministère de l'intérieur, avait envoyé à chaque préfet les ordres qui devaient lui assurer un appui enthousiaste et instantané. Il avait commandé de congédier sur-le-champ tout maire, tout juge de paix, tout autre fonctionnaire public qui hésiterait à donner immédiatement son adhésion écrite aux actes du président.

En France, la machine de l'État est construite de façon à donner au ministre de l'intérieur une autorité, pour ainsi dire, irrésistible sur les provinces. De plus, les moyens que le ministère avait à sa disposition pour contraindre le pays furent renforcés par un appel à la peur de l'anarchie, aux appréhensions inspirées par la secte des « socialistes. » Quarante mille communes furent subitement informées qu'elles avaient à choisir sans délai entre le socialisme, l'anarchie et la rapine d'un côté, et de l'autre, un dictateur et législateur vertueux, recommandé et garanti par Monsieur de Morny. L'éloquent de Montalembert lui-même se trouvait si bien pris dans ce lacet, qu'il parla publiquement du dilemme qui ne laissait d'autre alternative que Louis Bonaparte ou « la ruine de la France (1). » Dans les provinces comme à Paris, il était des hommes chez lesquels le sentiment du droit l'emportait sur la crainte du pouvoir exécutif et même sur la crainte des socialistes. Mais comme les départements furent laissés dans une ignorance complète, par suite des dispositions prises au ministère de l'intérieur, ils mirent plus de temps que Paris à discerner que le coup du 2 décembre avait été frappé par une petite bande de conspirateurs, sans le concours des hommes politiques, amis de l'ordre et de la loi. Quoique les proclamations fussent d'abord accueillies avec stupeur et perplexité, elles paraissent avoir bientôt fait naître l'espoir que le président, d'accord avec beaucoup d'éminents hommes d'État

(1) Qu'on compare à l'adhésion que M. de Montalembert donna au coup d'État en 1851, le discours qu'il prononça en 1863 devant le congrès de Malines. *Quantum mutatus ab illo!* et pourquoi? (*Note du traducteur.*)

(comme les provinciaux se l'imaginaient) pourrait changer la constitution et rendre à la France la tranquillité et la liberté qu'elle avait possédées sous le gouvernement du dernier roi. Il y eut des soulèvements, mais tout département dans lequel une agitation devenait probable fut mis en état de siege. Alors suivirent le massacre, le bannissement, l'emprisonnement, le séquestre; et tout cela selon le bon plaisir de généraux enflammés par la haine du peuple et brûlant de cette ardeur si odieuse, parce qu'elle est si sordide, qu'on appelle « zèle » dans les États centralisés. Parmi ces généraux, quelques-uns dépassèrent dans leur aveugle rage les limites de la politique la plus féroce. Dans le département de l'Allier, par exemple, il fut décrété que non seulement toutes les personnes « connues » pour avoir pris les armes contre le gouvernement seraient jugées par « les conseils de guerre, » mais aussi que tous les individus « dont les opinions socialistes étaient notoires » seraient transportés sur le simple ordre de l'administration, et que leur propriété serait mise sous séquestre. Ainsi, le fait seul d'avoir une opinion donnée fut rangé dans la même catégorie que le crime le plus odieux; le prisonnier n'était pas jugé du tout ou bien il était, pour ainsi dire, jugé par l'exécuteur des hautes œuvres. Ce décret fut l'œuvre d'un homme appelé le général Eynard, et le gouvernement exécutif l'adopta et le promulgua sur-le-champ (1).

XV

La violence avec laquelle sévissaient les frères de l'Élysée prit sans doute son origine dans leur terreur. Mais alors qu'ils pouvaient respirer, un autre motif vint s'emparer d'eux pour les pousser dans la même voie. Ils purent donner à leurs actions un

(1) *Le Moniteur* du 28 décembre.

vernis qui devait leur procurer l'appui et la sympathie d'une multitude d'hommes terrifiés par la peur des démocrates et qui n'aspiraient qu'à la tranquillité. Pendant plus de trois ans, ces gens avaient vécu dans la crainte des « socialistes. » Quoique la secte, prise isolément, n'ait jamais été formidable au point de justifier les alarmes d'un homme courageux, elle était plus ou moins alliée aux démocrates fougueux qu'on appelait « les rouges ». Les institutions républicaines étant nouvelles et faibles, la nation avait le droit de se garder de l'anarchie. Cependant, bien des hommes sont d'avis que les défenseurs de l'ordre, soutenus par le vote de millions de citoyens non moins que par la puissance de la propriété et de l'intelligence, auraient pu veiller sans peur sur leur patrie. Mais enfin, que le spectre devant lequel les Français prenaient la fuite ait été une réalité ou un fantôme, la terreur réduisait le plus grand nombre à un état qui était vraiment abject.

Tout naturellement, des personnes ainsi énervées levaient les yeux vers le pouvoir exécutif, leur protecteur naturel, et offraient volontiers leur liberté en échange d'un peu de sécurité (1). La société de l'Élysée vit tout le parti qu'elle pouvait en tirer, si le peuple venait à supposer que le coup d'État était une guerre contre le socialisme. Après la soumission de Paris, les petits

(1) Il serait puéril de nier ce fait ; bien des bourgeois et des propriétaires étaient terrifiés, hébétés par la peur du « spectre rouge. » Des théories mal interprétées, des utopies, si on veut les appeler ainsi, faisaient trembler les ignorants et les couards qu'elles jetaient dans les bras de la réaction. C'est incontestable, et l'on ose à peine blâmer les boutiquiers et les paysans qui, à force d'entendre retracer ce thème favori, attrapent, comme on l'a dit, au lieu de la peur du mal, le mal de la peur. Mais que penser des représentants monarchistes qui exploitèrent cette ignoble terreur, qui revêtirent le « spectre » des couleurs les plus effrayantes, qui sacrifièrent la dernière liberté sur l'autel de la lâcheté, qui firent litière de toutes les nobles aspirations de leur pays pour conserver des privilèges de classe ? Les institutions républicaines étaient nouvelles, soit ! Mais si elles étaient si faibles qu'on le prétend, comment se fait-il que la réaction se soit tant acharnée à les détruire ou plutôt à les miner sourdement ? (*Note du traducteur.*)

rassemblements, qui prirent les armes contre le gouvernement, furent sans doute composés en partie de socialistes; mais il y avait également bon nombre d'hommes qui n'avaient d'autre motif pour se lever que la fougueuse ardeur qui les empêchait de se croiser les bras pendant que la loi était foulée aux pieds. L'association de l'Élysée était maîtresse, seule maîtresse; seule elle avait la faculté de parler et d'imprimer. En exagérant les troubles par lesquels quelques parties de la France étaient agitées, en attachant à tous ceux qui se levaient contre le complot le nom de la secte haïe, cette association fit croire à des milliers, peut-être à des millions d'hommes, qu'elle se trouvait engagée dans une lutte vaillante et désespérée contre le socialisme. A mesure qu'il fut ajouté foi à ce prétexte, des troupes entières d'habitants accouraient au secours du pouvoir exécutif. Il y a lieu de croire que, même parmi les hommes des classes élevées qui semblaient se tenir fièrement à l'écart de l'Élysée, il en était beaucoup qui se réjouissaient en secret d'avoir été délivrés de la peur des démocrates, au prix de voir la France maniée pour le moment par des personnages comme Morny et Maupas.

Il faut l'avouer : bien des gens pensaient trouver dans le succès de l'entreprise de l'Élysée un moyen facile d'échapper aux agitations de la démocratie, sans sortir de leur indolence. Quand un Arabe est d'avis que le burnous qu'il a porté nuit et jour est décidément trop peuplé, il le place sur une fourmilière, pour qu'une espèce d'insectes soit chassée par une autre espèce; et quand la chose est faite, il balaie aisément les conquérants d'un coup de fouet ou de tuyau de pipe. Dans leur paresse d'esprit, des hommes de haute naissance supposaient qu'ils pourraient en agir de même avec la France. La première partie du procédé réussit assez bien, car l'espèce « rouge » fut tuée, écrasée ou expulsée. Mais alors il apparut que ceux dont l'énergie affamée avait été exploitée pour accomplir l'œuvre n'étaient nullement disposés à se laisser balayer. Ils se cramponnèrent à la dépouille : encore aujourd'hui, après le laps de plusieurs années (1), ils s'y cramponnent et se repaissent.

XVI

Dans les provinces, l'armée imita servilement la sévérité de l'armée de Paris. Il était à craindre cependant que la soldatesque, quelle que fût sa fougue, ne pût lutter que contre le mécontentement qui se montrait à la surface, et que ses coups ne portassent pas jusqu'au cœur du pays. Elle pouvait, il est vrai, tuer les gens dans les rues, le long des grandes routes et dans les champs ; elle pouvait même lancer des balles à travers les croisées et fusiller des détachements de prisonniers. Mais elle ne savait pas assez bien rechercher les amis indignés de l'ordre et de la loi jusque dans leurs demeures. C'est pourquoi Morny envoya dans les provinces des hommes d'une réputation terrible, armés de pouvoirs extraordinaires. Il les appela « commissaires ». Partout où ils arrivèrent, le peuple tressaillit. Il savait, par son expérience de 1848, qu'un homme expédié par le ministère de l'intérieur pouvait être un bandit connu de la police pour ses crimes aussi bien que par ses services, et qu'il devait en coûter cher d'acheter la sécurité à un potentat de ce genre (2).

(1) « Ceci fut écrit au mois de septembre 1861, » dit M. Kinglake dans une note. Le traducteur peut ajouter : « ceci est traduit au mois de septembre 1863, » — et c'est toujours vrai.

(2) M. Kinglake se fait ici, de bonne foi, je le sais, l'écho d'une odieuse insinuation. Les hommes dont il tient ce renseignement seraient bien embarrassés de citer *un seul* parmi les commissaires de 1848 que la police ait connu, si ce n'est comme soldat de la démocratie militante. Les comptes, épluchés à l'assemblée par une commission issue de la majorité contre-révolutionnaire, démontrent jusqu'à l'évidence la scrupuleuse honnêteté de ces fonctionnaires improvisés. Il ne faut pas confondre les commissaires du gouvernement provisoire, des préfets (ni plus ni moins), avec de simples commissaires de police. Parmi les premiers, beaucoup furent appelés à siéger dans les assemblées délibérantes, et quelques-uns d'entre eux se trouvèrent parmi les hommes que M. Kinglake cite lui-même comme formant la réunion des *gentlemen* français. (*Note du traducteur.*)

Il y eut des temps où la dernière étincelle de la vie d'une nation fut préservée par les prêtres de sa foi : alors s'établit entre le peuple et l'Église une affection si profonde, que les siècles ne peuvent les séparer (1). En France, il est vrai, l'Église n'exerçait plus l'autorité qui jadis avait été son privilége. Cependant, outre que les vertus d'un clergé humble et zélé lui avaient procuré plus d'influence que l'Europe ne le croyait, l'Église formait un corps solide et organisé. C'est pourquoi, au moment où tous les pouvoirs de l'État avaient été saisis par une petite bande d'hommes rusés agissant de concert, au moment où l'autorité parlementaire et le pouvoir judiciaire, qui eussent pu réprimer ces violences, avaient été renversés, l'Église de France, survivant seule à toutes les institutions en ruines, se trouva subitement revêtue d'une grande puissance pour faire le bien ou le mal. Elle pouvait s'interposer entre l'homme armé et sa victime ; elle pouvait détourner la colère ; elle pouvait faire des conditions en faveur de la France prosternée. Ou bien, prenant une position encore plus élevée, elle pouvait se résoudre à choisir, à choisir rigidement, entre le droit et l'injustice. Elle choisit.

Somme toute, le clergé français était un corps d'hommes zélés, désintéressés et dévoués. Mais l'Église qu'il servait avait été séduite par le président, au moyen des opérations qui amenèrent le siége et l'occupation de Rome. Par cette raison, quoique les prêtres sussent que Maupas, s'avançant furtivement à l'ombre de la nuit, avait mis la main sur les généraux et les hommes d'État de la France, qu'il avait fermé l'Assemblée nationale et chassé les juges de leurs siéges, il leur semblait qu'à cause de Rome ils devaient se ranger du parti de Maupas. Ainsi pour ce qui concerne leur action politique à cette époque, ils laissèrent l'Église de France dégénérer en une simple division du ministère de l'intérieur. Dans les districts ruraux, quand ar-

(1) Voyez l'admirable exposé d'Arthur Stanley sur les relations entre la Russie et son Église.

riva le moment de voter le plébiscite, ils distribuèrent à leurs ouailles des bulletins portant le mot « oui » et amenèrent leurs troupeaux au scrutin.

XVII

Lorsque toutes les institutions du pays furent ainsi corrompues, asservies ou écrasées, les « frères de l'Élysée » résolurent de poursuivre la victoire qu'ils avaient remportée sur la France. Ils se décidèrent à l'émasculer dans le sens que j'expliquerai tout à l'heure. L'état politique du pays, pendant plusieurs années, avait eu pour résultat de réunir les hommes les plus remuants dans des clubs, qualifiés par la loi de « sociétés secrètes. » Un filet jeté par dessus cette classe devait enlacer des myriades d'honnêtes gens; on a calculé, en effet, que le nombre d'individus qui, dans un moment quelconque de leur vie, avaient appartenu à quelque genre de « société secrète, » ne se montait pas à moins de deux millions. Si des citoyens français étaient entrés dans des associations prohibées par le Code, il était suffisant (et après un certain laps de temps plus que suffisant) de leur appliquer les peines portées par la loi. Mais ce n'est pas ce qui fut fait.

Le prince Louis Bonaparte et Morny, de l'avis et du consentement de Maupas, publièrent un décret rétroactif, selon les termes duquel des centaines de milliers de Français étaient passibles d'une arrestation immédiate, et exposés à se voir transporter soit dans les établissements pénitentiaires de l'Afrique, soit dans les marais brûlants de Cayenne (1). Ce décret avait la même portée qu'une loi anglaise qui déciderait que tout homme qui aurait jamais assisté à un *meeting* politique pourrait être subitement transporté; mais c'était cent fois moins clément, car

(1) Décret du 8 décembre, inséré au *Moniteur* du 9.

le bannissement à Cayenne infligeait une mort lente, cruelle, horrible. Morny et Maupas pressèrent l'exécution de ce décret inouï, avec une férocité qui doit avoir pris sa source dans la terreur, et qui plus tard fut avivée par la soif de la popularité hideuse qui s'obtenait à force de traiter ces hommes de « socialistes » et de les traquer sans pitié. On ne saura jamais au juste le nombre de citoyens qui, à cette époque, furent tués ou emprisonnés en France, ou envoyés à la mort en Afrique ou à Cayenne. Le panégyriste de Louis Bonaparte et de ses complices, reconnaît que le chiffre des personnes arrêtées et transportées dans les quelques semaines qui suivirent le 2 décembre, se monte au total fabuleux de vingt-six mille cinq cents (1).

La France aurait peut-être pu supporter la perte de quelques milliers de soldats et d'ouvriers sans en être visiblement affaiblie. Mais aucune nation du monde, pas même la France, ne possède des hommes disposés à risquer quelque chose pour l'honneur et la liberté en assez grand nombre pour pouvoir endurer de perdre dans l'espace d'un mois près de trente mille individus pris parmi ses citoyens les plus actifs et les plus courageux. Ce qui restait de la France, après cette amputation, devait nécessairement languir et se démoraliser pendant bien de années. C'est dans ce sens que j'ai voulu dire que la France fut émasculée.

Outre les hommes tués et transportés, quelques milliers de Français furent soumis à des tortures trop horribles pour que je les raconte ici. Je parle de ceux qui furent enfermés dans les casemates des forts et entassés dans l'entre-pont du *Canada* et du *Duguesclin*. Ces infortunés étaient, pour la plupart, des hommes attachés à la cause de la république. Parmi les deux mille dont les souffrances sont le mieux connues, on comptait un grand nombre d'hommes de lettres. Il s'y trouvait des auteurs jouissant d'une certaine réputation, des journalistes, des écrivains politiques de quelque mérite, outre les avocats, les médecins et

(1) Granier de Cassagnac.

d'autres dont les travaux dans le champ de la politique étaient principalement des travaux intellectuels. Les tourments infligés à ces hommes durèrent de deux à trois mois. Ce n'est qu'à la seconde semaine de mars que beaucoup d'entre eux purent revoir la lumière et respirer l'air pur du ciel. Leurs souffrances leur avaient donné un aspect hideux. Les hôpitaux en recueillirent un grand nombre. Il est juste d'indiquer les ouvrages sur l'autorité desquels l'auteur fonde son récit (1). Mais à moins qu'un homme n'ait un motif spécial pour apprendre la vérité en détail, il fera bien de ne pas lire ces sombres pages : s'il les ouvre, s'il les parcourt, le souvenir de tout ce qu'il aura lu le poursuivra et pèsera sur son âme, et c'est en vain qu'il aspirera de toutes ses forces à reconquérir l'ignorance des choses que, de son temps, ont dû subir des hommes vivants.

XVIII

Enfin arriva le moment de mettre en œuvre ce qu'on appelait le plébiscite. Les dispositions prises par les conspirateurs ne laissaient à la France d'autre espoir d'échapper à l'anarchie et au chaos qu'en se soumettant à la dictature de Louis Bonaparte. Quoique le président eût déclaré dans sa proclamation que, si le pays ne voulait pas de sa présidence, il pourrait choisir quelqu'un autre à sa place, cette alternative ne fut pas offerte. Le choix laissé aux électeurs ne prétendait même pas être autre chose qu'un choix entre Louis Bonaparte et le néant. D'après les termes du plébiscite, un vote accordé à quelque autre candidat que le prince Louis eût été nul. Un électeur ne pouvait voter

(1) *Le Coup d'Etat*, par Xavier Durrieu, ancien représentant du peuple. —*Histoire de la terreur bonapartiste*, par Hippolyte Magen.—Le traducteur se permet d'ajouter : *Les Crimes du 2 décembre*, par V. Schœlcher, représentant. *Les Tables de proscription*, par Pascal Duprat, représentant. *Les Bagnes d'Afrique*, par Riboyrolles, rédacteur en chef de la *Réforme*.

que « oui » ou « non » et, selon toute apparence, la perspective d'anarchie impliquée dans le vote négatif aurait à elle seule suffi pour influencer l'élection. Ainsi, même si le dépouillement du scrutin s'était opéré avec une honnêteté scrupuleuse, la portée de la question eût rendu tout choix libre impossible. Le même pouvoir central qui, près de quatre ans auparavant, avait obligé la nation terrifiée à prétendre qu'elle aimait la république (1), aurait forcé ce même peuple impuissant à s'agenouiller pour déclarer qu'il prenait pour seul et unique législateur l'homme recommandé par monsieur de Morny.

Puisqu'ils avaient entre les mains l'armée et tout le pouvoir exécutif, puisqu'ils avaient à l'avance arrangé la question sur laquelle le peuple était admis à voter, les « frères de l'Élysée » auraient pu, ce semble, laisser l'affaire en arriver à sa conclusion infaillible sans violer le scrutin. S'ils avaient agi de cette façon, ils auraient donné une apparence de vérité à l'assertion, que le résultat du plébiscite ratifiait leurs actes. Mais le souvenir de ce qu'ils avaient fait et le sang qui souillait leurs mains, ne leur permettaient pas de risquer une élection libre. C'est pourquoi ils soumirent trente-deux départements à l'état de siége; et comme il ne leur fallait qu'une feuille de papier, de l'encre et une plume pour placer un département quelconque dans la même position, on peut dire sans forcer le sens des mots, que virtuellement ou effectivement, la France tout entière était soumise à la loi martiale.

(1) En 1848, le peuple français était si peu terrorisé qu'avant la réunion de l'assemblée constituante, aucun homme ne fut, je ne dirai pas arrêté, mais même inquiété. Les journaux et les clubs royalistes vilipendaient impunément la république et les républicains; les membres du gouvernement provisoire, auxquels on jetait la boue de la calomnie à pleines mains, répondaient dans les journaux, quand ils répondaient. La France vota librement, et l'assemblée nationale, au sein de laquelle les monarchistes formaient un parti nombreux, proclama la république d'entrain et par acclamation unanime, sur la proposition de M. Berger, qui fut maire de Paris depuis le coup d'État. (*Note du traducteur.*)

Ainsi, on votait sous la menace du sabre. Mais la loi martiale n'est qu'une des circonstances nombreuses qui constituent la différence entre une élection honnête et un plébiscite bonapartiste. Incontestablement, pour amener une action efficace de la part de la multitude, un certain degré de combinaison, de concert préalable, est requis. Du côté des conspirateurs, qui avaient à leur service le mécanisme irrésistible du pouvoir exécutif, ce concert ne laissait rien à désirer. Quant aux adversaires de l'Élysée, Morny et Maupas leur enlevaient tout moyen de combiner leurs efforts. Non seulement il ne leur fut pas permis d'avoir un semblant de réunion publique, mais ils ne purent même pas se hasarder à s'assembler en petits groupes, chose indispensable pour des hommes voulant combiner leurs actes.

De nos jours, le principal instrument de combinaison est la presse. Mais, excepté pour l'usage spécial de l'Élysée, il n'y en avait pas. Tous les journaux hostiles au complot furent réduits au silence. On ne put imprimer un seul mot qui fût défavorable au candidat à la dictature préconisé par monsieur Morny. Il n'est pas jusqu'à l'impression et la distribution de bulletins négatifs qui ne fussent rendues passibles d'une peine. Pendant la cérémonie appelée « élection, » plusieurs personnes furent arrêtées et accusées du délit d'avoir distribué des bulletins négatifs ou engagé d'autres électeurs à voter contre le président. Il devint bientôt évident que, pour ce qui concerne la part active à prendre au scrutin, tout adversaire de l'Élysée était aussi impuissant qu'un sourd-muet.

Dans un certain département, il fut décrété que quiconque ferait circuler des nouvelles ou suggérerait des craintes tendant à troubler la tranquillité publique, serait à l'instant même arrêté et amené devant un conseil de guerre (1). Dans un autre, toute société, toute espèce de réunion, quelque restreint que pût être

(1) Arrêté du général d'Alphonse, commandant l'état de siége dans le département du Cher, article 4.

le nombre des personnes qui la composaient, fut explicitement prohibée (1). On annonça que tout homme qui n'obéirait pas à cet ordre serait tenu pour membre d'une société secrète, dans le sens terrible du décret du 8 décembre, et passible de la transportation (2). Dans le même département, il fut décrété que quiconque colporterait ou distribuerait des bulletins imprimés ou même écrits à la main, sans y être autorisé par le maire ou le juge de paix, serait poursuivi. Le même préfet, dans sa rage folle contre la liberté, proclama que tout individu qui serait surpris dans la tentative de « propager une opinion » serait regardé comme coupable d'excitation à la guerre civile et remis sur-le-champ aux autorités judiciaires (3). Dans un autre département, un sous-préfet annonça que quiconque jetterait du doute sur la loyauté des actes du gouvernement serait arrêté (4).

Voilà quelques échantillons des moyens employés par les généraux, les préfets et les sous-préfets pour assurer le résultat. Il est à peine admissible que tout ce vil excès de zèle ait été nécessaire, car dès le début les « frères de l'Élysée » avaient pris une mesure qui, à elle toute seule, aurait été plus que suffisante pour imposer le vote. Ils fixèrent aux 20 et 21 décembre l'élection de la population civile; mais longtemps auparavant l'armée avait reçu l'ordre de voter (de voter publiquement et sans urne) dans les quarante-huit heures qui suivraient la réception d'une dépêche datée du 3 décembre. Ainsi toutes les troupes de terre de la France avaient voté, pour ainsi dire, au son du tambour; et le résultat de leur vote avait été annoncé au pays longtemps avant le moment où les bourgeois devaient procéder à l'élection. Si donc la France osait voter contre le président, elle allait immédiatement se mettre en lutte ouverte avec la volonté déclarée

(1) Arrêté du préfet de la Haute-Garonne, articles 1, 2, 3.
(2) *Ibid.*, article 3.
(3) *Ibid.*, article 4.
(4) Arrêté du sous-préfet de Valenciennes.

de sa propre armée, et cela dans un moment où elle se trouvait, dans les limites déjà décrites, sous le coup de la loi martiale.

Surprise, confuse, effrayée, et toute désarmée et impuissante, la France fut appelée soit à faire une guerre désespérée au mécanisme vigoureux du pouvoir exécutif et à la forte armée qui la tenait sous le pied, ou bien à céder tout de suite à Louis Bonaparte, à Morny et à Maupas, et à monsieur Le Roy Saint-Arnaud. Elle succomba. Les « frères de l'Élysée » avaient demandé au pays de dire « oui » ou « non », si Louis Bonaparte devait seul rédiger une nouvelle constitution pour le gouvernement de la grande nation. Et lorsque, de la manière indiquée, ils eurent obtenu les « oui » de troupeaux d'hommes qu'ils se hasardèrent à évaluer à près de huit millions, Paris apprit que le personnage qui depuis si longtemps était le sujet favori de ses railleries devenait maintenant le seul législateur de la capitale et de la France. Le prince Louis était versé dans l'art de composer des lois pareilles à celles qu'il avait l'intention de donner au pays, car il s'entendait à entourer la création d'une autocratie orientale de la pompeuse nomenclature empruntée aux institutions des États libres.

De l'avis et du consentement de Morny, et sans doute avec la pleine approbation du reste des conjurés, la loi qu'il rédigea se réduisit à ceci : que lui commanderait, et que la France paierait tribut et obéirait.

XIX

On a vu que le succès du complot du 2 décembre dépendit du massacre qui eut lieu sur les boulevards le jeudi suivant. Puisque cet étrange événement est devenu la base sur laquelle vint se fonder un changement dans la politique de la France et même dans les destinées de l'Europe, il est bon de rechercher comment et pourquoi il fut amené. A trois heures de l'après-midi du 4 décembre, le succès final du complot était très incertain, improbable même, à cause de l'isolement auquel le prince Louis et ses complices se trouvaient réduits. A cette heure, commença le massacre, et avant que les cadavres fussent enlevés, les « frères de l'Élysée » avaient Paris et la France à leur merci. Il est tout naturel que des hommes courroucés et maltraités, en voyant cette cause et cet effet, aient pu croire que le massacre fut volontairement projeté pour amener le résultat qu'il produisit en réalité. De même que le théologien de Cambridge soutenait que quiconque regardait une montre devait nécessairement croire à l'existence d'un horloger, de même les hommes qui avaient été témoins du massacre furent amenés à en déduire l'existence d'un démon. Ils virent que le carnage valut à l'Elysée les richesses et le pouvoir, et ils se crurent autorisés à conclure que l'homme qui récoltait la moisson, devait avoir fait les semailles en temps et lieu. Néanmoins, cet argument n'est pas appuyé sur des preuves externes, et peut-être est-il plus conforme à la nature humaine d'admettre que le massacre sur les boulevards fut produit par une réunion de causes diverses dont l'action est connue, plutôt que par le dessein arrêté du président de faire tuer un grand nombre d'hommes et de femmes paisibles, afin d'écraser l'élan des Parisiens sous l'horreur du spectacle. Sans recourir à cette effrayante solution, il est possible de rechercher les causes du carnage par des conjectures équitables.

L'armée, comme nous l'avons vu, brûlait de haine contre les bourgeois, et sa férocité avait été soigneusement aiguisée par le président et par Saint-Arnaud. En dehors de tout autre motif, ce sentiment n'aurait pas poussé les braves soldats français à tirer à bout portant sur une foule de femmes et d'hommes désarmés. Mais une passion plus puissante que la colère agitait la poitrine des hommes de l'Elysée et des généraux et s'était communiquée aux troupes.

Selon la nature et selon les circonstances dans lesquelles elle se trouve placée, une créature frappée de terreur s'affaissera, tremblante et effarée, dans un état de prostration abjecte, ou bien elle sera bouleversée par un accès d'énergie hystérique. Quand la terreur s'empare d'un homme ou d'un animal sous ce dernier aspect, elle devient la plus féroce et la plus aveugle des passions. Les Français unissent l'organisation délicate et nerveuse du midi à l'énergie du nord; ils sont très sujets à la terreur qui pousse les hommes au massacre, comme à celle qui les mène à se prosterner et à supplier. Le 4 décembre, Paris fut la victime de la terreur sous ces deux formes. L'armée s'emportait, et le peuple rampait; mais l'armée et le peuple étaient en proie à la terreur. Il est vrai que sur le boulevard il n'y avait pas de trace d'un danger physique qui pût frapper les troupes d'une panique féroce; car même si l'on admet que deux ou trois coups de feu partirent d'une fenêtre ou d'un toit, un pareil incident, dans un quartier qui s'attendait à un spectacle et non à une lutte, était trop peu de chose pour troubler d'excellents soldats. Mais le président et ses complices, quoiqu'ils eussent réussi dans toutes leurs dispositions préparatoires, n'avaient pu se procurer l'appui d'hommes éminents et honorables. Pour cette raison, leur position était grosse de dangers. En supposant que Morny et Fleury n'aient pas perdu courage, il est constant qu'au 4 décembre les sensations du président, des deux autres Bonaparte, de Maupas, de Saint-Arnaud et de Magnan répondirent fort exactement aux circonstances alarmantes dans lesquelles ils se trouvaient placés.

L'état du président paraît avoir été semblable à celui dans lequel il s'était trouvé jadis à Strasbourg et à Boulogne, et à celui dans lequel on le vit plus tard à Magenta et à Solferino (1). Dans aucune de ces cinq occasions, il ne s'abandonna à la peur de façon à prouver que dans un moment critique, il se possédât moins que le commun des citoyens paisibles; mais il montra dans

(1) Voyez la note de l'Appendice.

toutes que son tempérament était peu fait pour l'heure de la bataille ou pour la crise d'une aventure. Outre qu'il était, comme la masse des hommes, sans ressources et sans présence d'esprit quand il se croyait en face d'un péril réel, la couleur de son teint et l'expression anxieuse de son regard prévenaient contre lui. Par suite, peut-être, de quelque défaut dans le tissu de son cœur ou dans son système artériel, quand il était sérieusement alarmé, sa peau prenait une teinte verdâtre. Cette décoloration pourrait à la rigueur être le signe d'un grand courage moral, en ce qu'elle démontrerait que l'âme lutte contre la chair; mais dans tous les cas, elle n'indique pas la condition de corps et d'esprit qui convient à un véritable chef d'hommes à l'heure du danger, et qui le met à même de donner du cœur et de l'élan à ses partisans. Il est clair qu'un phenomène pareil refroidit le zèle de l'entourage. Plusieurs incidents prouvent qu'entre le 2 et le 4 décembre, le président était irrésolu et vivement sensible au danger qu'il courait. Le plan de scrutin, longuement pesé, qu'il avait promulgué le 2, il le retira le lendemain pour se conformer au désir supposé de la multitude de Paris. Il eut soin d'avoir toujours sous la main la nombreuse cavalerie qu'il regardait comme un moyen de protéger sa fuite. Il paraît même que, pendant la période critique, les voitures et les chevaux requis pour son évasion étaient tout prêts dans la cour de l'Élysée. De plus, c'est alors qu'il se laissa aller à recourir à la manœuvre presque désespérée de forger les noms des hommes qu'il représentait comme faisant partie de la commission consultative. Mais peut-être son état d'esprit doit-il être mieux jugé par la posture dans laquelle l'histoire le trouve pendant qu'il s'abritait sous l'aile de l'armée.

Quand un paisible citoyen est en présence d'un grave danger et que sa vie dépend du caprice des soldats, son instinct le pousse à prendre son or et à l'offrir aux hommes armés, en leur disant qu'il les aime et qu'il les admire. Ce que sa nature porterait alors un simple bourgeois à faire, est exactement ce que fit Louis

Bonaparte. L'affaire ne pouvait être tenue secrète, et l'historien impérial paraît avoir pensé qu'après tout il valait mieux lui donner un air de grandeur classique, en montrant les soldats comme les « vainqueurs » d'un affreux mot grec, et en appelant un franc une « obole. » « De toute sa fortune personnelle, » dit-il, « de tout son patrimoine, il restait au président une somme de cinquante mille francs. Il savait que dans certaines circonstances mémorables les troupes avaient hésité en présence de l'insurrection, plutôt parce qu'elles étaient affamées, que parce qu'elles étaient vaincues; c'est pourquoi il prit tout ce qui lui restait, jusqu'à son dernier écu, et chargea le colonel Fleury d'aller trouver les soldats, vainqueurs de la démagogie, et de leur distribuer, brigade par brigade, et homme par homme, sa dernière obole (1). »

Dans un de ses discours à l'armée de Paris, le président avait dit qu'il ne lui commanderait pas d'aller en avant, mais qu'il marcherait lui-même le premier et ne demanderait qu'à être suivi. S'il était convenable d'adresser à de vrais soldats ces vides déclamations de théâtre, il n'était certainement pas du devoir du président de se conduire d'après ces paroles : car un engagement dans les rues de Paris ne pouvait pas être tel, qu'un homme de lettres (quoiqu'il fût en même temps à la tête de l'État) affectât d'aller commander des troupes aguerries. Néanmoins, entre ce qui fut dit et ce qui fut fait, il y a un contraste dont on ne peut s'empêcher de sourire en passant. Le président avait juré de mener les soldats contre l'ennemi, et au lieu de cela il leur envoya tout son argent. Il n'y a pas lieu de supposer que le changement de plan ait le moins du monde déplu aux troupes; et cette allusion à la tentative de corruption n'est ici placée que pour constater la vraie situation mentale du président et pour découvrir ainsi les causes qui produisirent le massacre du 4 décembre.

(1) Granier de Cassagnac, vol. II, p. 431.

On trouve un autre fil conducteur, menant dans la même direction, dans le décret par lequel le président arrêta que les combats livrés aux insurgés français compteraient dans les états de service comme une campagne contre un ennemi du dehors (1). Ce décret, il est vrai, ne fut publié qu'après le massacre du 4, mais on peut en partie conjecturer la disposition d'esprit d'un homme en face du danger par la conduite qu'il tient à l'heure qui suit le moment de l'épreuve.

Or, quand on voit que le chef d'une nation fière et puissante fut capable d'apposer sa signature à un document de ce genre, le 5 décembre, on peut se former une idée des sensations qu'il éprouvait la veille, lorsqu'à l'angoisse de la terreur n'avait pas pas encore succédé l'indécente allégresse d'avoir échappé au péril.

Pendant que le prince Louis Bonaparte embrassait les genoux des soldats, son oncle Jérôme était tellement excité qu'il ne pouvait garder son sang-froid. Il se laissa aller à publier une lettre qui non seulement révélait ses alarmes, mais qui prouvait aussi qu'il était prêt à ne plus faire cause commune avec son neveu. Il insinua (et peut-être put-il le faire sans mentir) que, quoiqu'il se fût exposé en se montrant en public à côté du président, le 2 décembre, il n'avait pris part ni au complot, ni aux conciliabules de l'Élysée (2).

Son fils (qu'on appelle aujourd'hui le prince Napoléon) désapprouvait réellement, dit-on, les actes du président, et il était bien naturel qu'il ne désirât pas être mis à mort ou maltraité

(1) Décret du 5, inséré au *Moniteur* du 7 décembre.

(2) On trouvera la lettre dans le « Registre annuel. » Elle paraît avoir été expédiée à 10 heures de la nuit, le 4; mais celui qui l'écrivit ne savait évidemment pas qu'en ce moment l'insurrection touchait à sa fin, et par conséquent on peut regarder sa missive comme une indication vraie de la situation d'esprit dans laquelle il se trouvait au milieu de la journée. Les avis et les remontrances légères que la lettre contient étaient de ceux qu'un homme qui conserve son sang-froid aurait pu donner en particulier, mais le fait de l'avoir publiée révèle les motifs qui poussaient Jérôme.

en vertu de la théorie qu'il était le cousin et par conséquent le complice du président; aussi protesta-t-il contre cette conclusion de toutes ses forces. Tout homme, quelque inébranlable qu'il puisse être, pourrait sans honte chercher à éviter d'être exécuté par méprise; et il paraît injuste de blâmer le prince Napoléon pour avoir essayé de séparer sa destinée personnelle de celle de l'homme qui se trouvait aux abois à l'Élysée. Cependant le sentiment d'être abandonné par les autres Bonaparte ne pouvait que décourager le prince Louis et ceux qui avaient uni leur sort au sien (1).

Maupas, ou de Maupas, avait une constitution robuste, une taille forte, un teint fleuri. Mais parfois il arrive qu'un corps aux larges proportions et au dehors vigoureux n'est pas pour une âme troublée un tabernacle aussi sûr qu'on pourrait le supposer. On raconte que la force corporelle de Maupas s'affaissa à l'heure du danger, et qu'au moment critique, entre la nuit du 2 décembre et le massacre du 4, il eut le malheur de tomber malade.

Enfin, il faut répéter aussi que le 4, l'armée de Paris fut maintenue dans l'inaction durant les heures précieuses qui s'écoulèrent entre les premières lueurs du matin et deux heures de l'après-midi.

(1) Pour se faire une idée exacte du rôle joué par le fils de Jérôme et pour connaître l'histoire de sa vie, on n'a qu'à lire la brochure traduite du français et intitulée : *M. Napoléon Bonaparte (Jérôme), by a Freuch soldier*, (London, Farrah and Dunbar). M. Cassal, ancien représentant du Haut-Rhin, aujourd'hui professeur de littérature française à l'université de Londres, garantit un détail significatif, au sujet de la position prise par ce personnage à l'époque du coup d'État. Dans une réunion du comité de résistance, tenue avant le massacre, MM. Napoléon Bonaparte et Émile de Girardin proposèrent que tous les représentants encore en liberté devaient aller se constituer prisonniers, dans le but d'appeler le peuple aux armes. Il ne faut pas oublier que l'arrestation de deux cent trente-cinq députés n'avait produit aucun effet sur la population. Au sortir de la séance, l'un des membres proposa sagement de changer le lieu de la prochaine réunion, car le même soir le domicile du citoyen chez lequel on s'était assemblé fut envahi par la police. (*Note du traducteur.*)

Ce sont là des signes que les « frères de l'Élysée » étaient terrifiés à l'idée de ce qu'ils avaient fait et frappés d'horreur à l'idée de ce qu'il leur restait à faire. Il est évident qu'alors Magnan et les vingt généraux qui s'étaient embrassés le 27 novembre étaient plus exposés qu'ils ne s'y attendaient. L'isolement où se trouvait le président, autour duquel les hommes bien posés refusaient de se ranger, doit avoir suggéré à tous ces généraux l'idée que même la garantie souveraine « d'un ordre du ministre de la guerre » devenait un trop mince abri.

Par sa nature même, le peuple français est habitué à marcher en troupeau. Son armée ne connaît pas la différence sociale entre les officiers et les simples soldats, distinction qui est le meilleur moyen découvert jusqu'ici pour empêcher la propagation d'une panique ou de toute autre impulsion aveugle. Au sein de ses régiments un élan quelconque, qu'il soit produit par l'audace ou par la peur, s'étend, avec la rapidité de la foudre, d'un homme à l'autre et entraîne bien vite la masse tout entière. En général la panique part des rangs; cette fois elle semble avoir suivi une marche descendante. Pendant six heures, on avait fait attendre l'armée à quelques centaines de mètres des barricades qu'elle devait attaquer. L'ordre d'avancer n'arrivait pas. Il y avait de l'hésitation quelque part, et les généraux savaient nécessairement que dans un moment pareil la moindre incertitude était un signe et une cause de danger. Mais quand ils la virent se continuer pendant toute la matinée d'une courte journée de décembre, ils durent craindre l'écroulement du complot de l'Élysée; or, si cette appréhension venait à se réaliser, ils avaient en perspective un sort peu digne d'envie.

La constitution des Français les rend plus propres à la bataille qu'à cette tension prolongée. L'anxiété des hommes de leur race, leur inquiétude quand ils se voient trop longtemps tenus en suspens, dégénère facilement en une alarme féroce. C'est à une situation de cette espèce que les troupes se trouvaient exposées le 4 décembre.

Pour Magnan et les généraux qui se trouvaient sous ses ordres, les angoisses de l'attente prolongée, quand l'action était imminente, se multipliaient par le sentiment du danger politique qu'ils couraient. Ils pressentaient, en effet, que si, après tout, le plan de l'Élysée venait à échouer, leur réunion du 27 les amenait devant la justice. Quiconque connaît l'état d'esprit de ces vingt et un généraux et quelque peu l'habitude des troupes françaises, peut, pour ainsi dire, entendre les grincements de dents et le roulement des jurons par lesquels le Français armé se fait remarquer lorsque l'inquiétude le rend furieux. Sans qu'ils prononcent une seule parole, la contenance d'hommes ainsi tourmentés est rapidement devinée par des troupes françaises. Quand même les officiers subalternes et les soldats ne comprendraient pas exactement ce qui bouleverse l'âme de leur général, l'idée de ne pas savoir tout, ne ferait que les disposer davantage à la contagion. D'un autre côté, il est avéré que les instructions données aux régiments prescrivaient le massacre impitoyable de tous ceux qui leur résisteraient ou qui les embarrasseraient. Ces ordres, il est vrai, n'entraînaient ni ne sanctionnaient le massacre d'une foule paisible qui n'empêcherait en aucune façon l'action des troupes; néanmoins, ils devaient influencer les soldats, de manière à donner à une passion quelconque une nuance de férocité.

En résumé, l'alarme naturelle et bien fondée, qui s'empara du président et de quelques-uns de ses complices paraît s'être changée en une anxiété furieuse quand elle atteignit les généraux, et qu'elle se propagea jusqu'à ce qu'elle saisit les troupes avec une force voisine de la démence; poussées par cet élan aveugle, elles firent volte-face de leur propre mouvement et tuèrent à coups de fusil une foule d'hommes et de femmes inoffensifs.

Si cette explication est accueillie, elle détruira la théorie qui attribue au prince Louis Bonaparte le projet horrible d'avoir concerté un massacre sur les boulevards, comme un moyen de frapper la population de terreur et d'écraser ainsi la résistance.

Mais il n'en resterait pas moins constant que s'il n'organisa ni ne projeta le carnage catégoriquement et expressément, la tuerie n'en fut pas moins amenée par lui et par Morny, Maupas et Saint-Arnaud, avec le concours et les encouragements de Fleury et de Persigny. Ce sont eux qui combinèrent et exécutèrent tous les actes du 2 décembre. C'est par eux que l'armée fut amenée dans les rues pour protéger leur usurpation. Ce fut par leurs soins que l'esprit de la soldatesque fut préparé à massacrer les Parisiens. Enfin, c'est par leur hésitation ou par celle de leur instrument, Magnan, que l'armée, qui se trouvait presque face à face avec les barricades, fut laissée dans l'attente jusqu'à ce que les généraux, attrapant et communiquant, sous une autre forme, la terreur transmise de l'Élysée, inculquèrent aux troupes l'état de panique féroce qui fut la cause immédiate du carnage. Il ne faut pas perdre de vue non plus que les doutes que je m'efforce de résoudre ne s'étendent qu'à la cause du massacre de la foule paisible.

L'exécution des prisonniers faits dans le quartier couvert de barricades eut lieu de propos délibéré, et fut le résultat d'ordres stricts et formels. Ce fait est incontestable et il n'a jamais été mis en question. De plus, les personnages dont les mains furent souillées de sang sont ceux qui recueillirent le butin. Saint-Arnaud n'est plus ; mais Louis-Napoléon Bonaparte, Morny, Fleury, Maupas, Magnan et Persigny sont encore tous en vie, et le trésor public de la France est toujours en leur possession.

XX

On sait que les joueurs les plus exercés se fatiguent parfois des efforts incessants qu'ils font à chercher la chance favorable que leur réserve l'avenir, et que, harassés par le doute et l'angoisse, ils acceptent la conjecture aveugle et hasardée d'un homme moins âgé et moins surmené qu'ils ne le sont eux-mêmes. Quand un jeune étourdi prétend qu'il peut commander la fortune, quand il jette les dés d'une main vigoureuse, les pâles vieillards se laissent entraîner par la fougue animale de la jeunesse. Et si, en agissant ainsi, ils réussissent à gagner, alors leur cœur brûle d'affection pour l'adolescent dont l'ardente obstination les a forcés de risquer l'aventure. S'il est vrai, comme on le prétend, qu'à l'heure du péril l'un des « frères de l'Élysée » ait été poussé en avant par les menaces du colonel Fleury, ou si même en s'abstenant de toute violence, celui-ci put exciter ses complices par le seul ascendant d'une nature plus ferme et plus résolue, il est certain qu'il mérita leur reconnaissance pour les avoir contraints par des moyens violents ou doux, à garder leur enjeu sur le tapis. Ils gagnèrent, ils gagnèrent la France. Ils la maltraitèrent horriblement ; ils lui prirent sa liberté ; ils ouvrirent sa bourse et ils s'enrichirent de son opulence. Ils allèrent s'asseoir sur les siéges des rois et des hommes d'État, et ils manièrent la grande nation, à leur guise, devant l'Europe stupéfaite. Tous ceux qui haïssaient la liberté, et ceux-là aussi qui gardaient rancune à la France, se réjouirent de ce spectacle.

XXI

Voilà les choses que fit Charles-Louis-Napoléon Bonaparte. Ce qu'il avait juré de faire se trouve inscrit dans le serment qu'il prêta le 20 décembre 1848. Ce jour-là, il se tint debout devant l'Assemblée nationale, et levant le bras droit vers le ciel, il prononça ces paroles : « En présence de Dieu et devant « le peuple français représenté par l'Assemblée nationale, je « jure de rester fidèle à la république démocratique et indivi« sible et de remplir tous les devoirs que m'impose la Constitu« tion. » Ce qu'il s'était engagé d'honneur à faire se trouve inscrit dans la promesse qu'il adressa de son plein gré à l'Assemblée. Lisant un manuscrit qu'il avait préparé, il ajouta ces paroles : « Les suffrages de la nation et le serment que je viens « de prêter commandent ma conduite future. Mon devoir est « tracé, je le remplirai en homme d'honneur. Je verrai des « ennemis de la patrie dans tous ceux qui tenteraient de chan- « ger, par des voies illégales, ce que la France entière a établi. »

Il y avait à cette époque en Europe bien des hommes et des millions de femmes qui croyaient véritablement que les bornes qui séparent le bien du mal sont gardées par les prêtres, et que tout ce que la religion bénit doit nécessairement être juste.

Mais voilà que trente jours après la nuit du 2 décembre, l'éclat de douze mille lampes reluisit à travers l'épais brouillard qui chargeait l'air du matin. Elles jetaient leur lumière vacillante dans la nef de l'édifice historique qui marque le cours des siècles et rappelle les destinées agitées de la France. Là, dans une attitude d'attente respectueuse, se trouvaient les évêques, les prêtres et les diacres de la branche catholique romaine de l'Église de Jésus-Christ. Ces évêques, ces prêtres, ces diacres attendaient ainsi, parce qu'il leur appartenait, à ce qu'ils prétendent, de régler les rapports entre la créature et le créateur. Or l'homme qui avait prêté serment, le 20 décembre 1848, avait daigné les informer qu'avec leur permission il allait de nouveau venir « en la présence de Dieu. » Et il vint. Là où s'étaient agenouillés les rois de France, s'agenouilla le directeur persévérant de la société, qui avait joué et perdu à Strasbourg et à Boulogne, qui avait joué, et gagné à Paris. A ses côtés, on peut en être certain, se trouvaient Morny émerveillé de ses gains, et Magnan planant bien au dessus de misérables cent mille francs, et Maupas échappé à la terreur, et Saint-Arnaud, autrefois Le Roy, et Fialin, communément appelé Persigny (1), et Fleury qui les avait mis en mouvement,

(1) Comte naguère, duc aujourd'hui ! (*Le traducteur.*)

Fleury, plus impatient, sans doute, d'aller dépenser les sommes gagnées que de s'asseoir dans une cathédrale pour réfléchir à l'étrange influence que sa nature ardente lui avait donnée sur le sort d'une grande nation. Quand l'Église s'aperçut que l'homme qui avait prêté le serment et ses associés étaient prêts, elle entonna le service. Portant des surplis sur lesquels le signe de la croix était brodé du haut en bas, les évêques et les prêtres montèrent, sans broncher à ce qu'il paraît, les marches du maître-autel ; ils brûlèrent un encens parfumé, s'agenouillèrent et se relevèrent. Ensuite, en présence de milliers d'auditeurs, résonna sous les voûtes sombres l'hymne de louanges qui porte au ciel les actions de grâces que rend tout un peuple pour quelque bienfait extraordinaire accordé dans sa miséricorde infinie par le Dieu Tout-Puissant.

Ce fut pour célébrer les traitements infligés à la France dans les derniers trente jours que le hosanna retentit à Notre-Dame. Enfin les prêtres élevèrent la voix et s'écrièrent, chantant et disant au Très-Haut : « *Domine, salvum fac Ludovicum Napoleonem.* » O Seigneur ! sauve Louis-Napoléon.

Où est le bien, où est le mal ? Quel est celui qui mérite les prières d'un peuple ? — Si quelque homme dévot et consciencieux fut poussé par les événements de décembre à poser ces questions à son Église, il lui fut répondu, ce jour-là, par le *Te Deum* chanté dans la cathédrale de Notre-Dame de Paris.

XXII

Au mois de décembre de l'année suivante, la forme du gouvernement fut appropriée à la réalité, et le président de la république devint ce que l'on est convenu d'appeler « l'empereur des Français. » Le titre que le prince Louis crut convenable de prendre est celui-ci : « Napoléon III, par la grâce de Dieu et la volonté nationale, empereur des Français. »

XXIII

Il est naturel, lorsqu'on réfléchit aux événements de décembre 1851, que l'attention se porte principalement sur les acteurs et sur ceux qui furent empêchés d'agir parce qu'ils tombèrent dans les piéges que les conspirateurs avaient creusés pour eux. Mais tout le monde verra sans difficulté qu'un des phénomènes extraordinaires de l'époque se trouve dans l'acquiescement volontaire d'un grand nombre d'hommes. Il peut sembler étrange qu'à l'heure du péril un peuple jadis libre et toujours brave ait commis le péché de l'inaction. Il faut en chercher la cause dans la haine que les hommes portaient à la démocratie (1).

Une démocratie pure paraît être tellement hostile à la liberté personnelle, et partant si vexatoire et si alarmante, non seulement à ses ennemis politiques avoués, mais même à ceux qui se tiennent à l'écart, qu'elle termine sa frêle existence dès que paraît un général renommé qui veut devenir roi. Ce principe fut toujours admis par ceux qui savent comprendre les leçons de l'histoire; on croyait cependant que les institutions démocratiques pourraient durer tant qu'un héros ne paraîtrait pas sur la scène. La France a prouvé qu'un héros peut au besoin être suppléé par un peu de savoir faire. Elle apprit au monde que lorsqu'une puissante nation est soumise au régime démocratique et qu'elle est menacée de doctrines qui mettent en question les droits et la jouissance de la propriété, une bande d'hommes à laquelle le mécanisme du gouvernement est confié momentané-

(1) J'ai déjà développé, dans une note précédente, mes idées à ce sujet. En définitive, il ne faut pas oublier que vingt départements se soulevèrent et que trente mille familles furent frappées. Cela prouve, au moins, que la démocratie n'avait rien d'odieux pour un tiers de la France. Il faut connaître tous les rouages du despotisme administratif pour comprendre les difficultés que rencontre une émeute dans les départements. (*Note du traducteur.*)

ment (et il faut bien qu'il soit confié à quelqu'un) peut choisir un individu qui n'a jamais commandé que des soldats simulés, qui n'a jamais tiré de coup de feu si ce n'est par méprise, et faire de lui un dictateur, un législateur, et un monarque absolu, du consentement sinon avec l'approbation de la majorité du peuple. De plus, la France démontra que la transition n'est pas forcément lente ; et que, quand les périls de la centralisation et d'une armée permanente viennent s'ajouter aux dangers de la démocratie pure, la liberté, quoique gardée par toutes les combinaisons que des républicains sages et honnêtes peuvent imaginer, risque d'être volée dans une sombre nuit d'hiver comme une bourse ou un colifichet.

XXIV

Quoique la France eût perdu sa liberté, ce serait une erreur de penser que sur les ruines de la république on vit s'élever une monarchie pareille à celle qui gouverne le peuple russe. Dans les empires absolus le souverain a toutes les classes de ses sujets à son service. En France, les hommes bien élevés résolurent presque partout de se tenir à distance. Ils refusèrent non seulement de visiter le nouveau possesseur des Tuileries, mais ils allèrent même jusqu'à battre froid aux personnes égarées de leurs propres rangs qui se laissèrent en traîner au palais par l'appât de l'argent. Ils étaient décidés à s'en remettre au temps et à ne rien faire dans l'intervalle qui pût les empêcher, au moment voulu, d'attaquer le nouvel empereur et ses complices. Il était évident que, par suite de l'instinct qui pousse les créatures à se cramponner à la vie, un monarque toujours placé au bord du précipice, tout en ayant la machine gouvernementale à sa disposition, serait poussé par la loi même de son existence à se servir des forces de la nation comme d'un moyen de salut pour ses compagnons et pour lui-même. Il fallait donc s'attendre à voir appliquer à ce but non seulement toutes les opérations intérieures, mais même la politique étrangère du pays. C'est ce qui arriva. Après le 2 décembre de l'année 1851, la politique étrangère de la France servit de support pour étayer le trône élevé par Morny et ses amis.

C'est pourquoi, tout en m'arrêtant un instant sur une page curieuse de l'histoire domestique de la France, je ne me suis pas écarté de mon sujet. L'origine de la guerre contre la Russie ne pouvait être retracée sans signaler la politique étrangère de la France au moment où le mal s'accomplit. Et puisque cette politique était nouvelle et qu'elle était fondée en toute chose sur les besoins individuels des hommes qui la dirigeaient, personne n'en pouvait bien comprendre le but et la portée, sans avoir une idée nette des événements qui rattachaient les destinées de l'Europe aux craintes et aux espérances du prince Louis, de Morny et de Fleury, de Magnan et de Persigny, de Maupas et de Monsieur Le Roy Saint-Arnaud.

Note au § XVIII *du chapitre* I

Le public put voir l'état dans lequel se trouvait l'empereur des Français à Magenta; mais lors de la grande bataille, qui fut livrée bientôt après sur les bords du Mincio, il évita les remarques de témoins oculaires, et l'on prit des peines infinies pour faire croire à la France et à l'Europe que, dans la journée de Solferino, il était non seulement capable de donner des ordres utiles, mais qu'il se trouvait réellement sur une partie du champ de bataille où le danger était terrible. « L'empereur Napoléon, » dit le *Moniteur*, « fut, pour ainsi parler, supérieur à lui-même : on le vit partout, toujours dirigeant la bataille; autour de lui chacun frémissait à l'idée du danger qui le menaçait sans cesse : lui seul semblait l'ignorer. »

Tous ces efforts amenèrent les Anglais à croire une grande partie de ce qu'on leur disait; mais en France ces contes eurent moins de succès, et l'empereur lui-même suscita des difficultés par son inclination bizarre pour les costumes éclatants et les coups de théâtre. Pendant la tournée qu'il fit à cheval, le matin de Solferino, il s'était fait suivre non seulement d'un nombreux état-major, comme on devait s'y attendre, mais aussi d'une escorte de cavaliers portant de beaux uniformes tout neufs et de brillantes décorations et connus sous le nom de « Cent Gardes. » Tous ces hommes à cheval, les officiers d'état-major et l'escorte couvraient un terrain assez étendu, d'une longueur qui dépasse celle de mainte rue. S'ils s'étaient réellement portés sur une partie du champ de bataille qui eût été le théâtre de ce qu'on appelle un « combat, » le massacre eût certes été horrible. Or, il arriva que de tout cet immense assemblage de cavaliers pas un seul ne fut tué; un seul des Cent Gardes fut touché, dans son uniforme, disent les uns, au corps, à ce que garantit le *Moniteur* du 29 juin 1859. C'était une grande difficulté. Il fallait prétendre qu'une forte masse de cavaliers s'était trouvée presque toute une journée au milieu d'une sanglante mêlée, et qu'elle resta néanmoins intacte. Acculé dans cette impasse, le *Moniteur* n'hésita point. Il eut recours aux moyens surnaturels. Il déclara : « La protection dont Dieu l'a couvert (l'empereur) s'est étendue à son état-major. » (*Moniteur universel*, 29 juin 1859.)

Paris partit d'un grand éclat de rire, et dès lors les impérialistes prudents comprirent qu'il valait mieux laisser tomber le sujet et ne pas parler du courage que leur maître déploya à Solferino.

En dissipant un mensonge, on s'expose souvent à faire naître une fausse idée, l'idée que la vérité est diamétralement opposée à l'exagération qu'on réfute. Je fais mes réserves contre cette interprétation. L'empereur des Français se conduisit à Solferino exactement comme mes paroles le faisaient pressentir. « Il ne s'abandonnait pas à la peur, de façon à prouver qu'au moment du danger il se possédait moins que le commun des citoyens paisibles, mais il démontrait que, quoiqu'il se complût à se fixer des tâches héroïques, son tempérament était peu propre à l'heure de la bataille et à la prise d'une aventure. »

EXTRAIT DU CATALOGUE GÉNÉRAL

DE

A. LACROIX, VERBOECKHOVEN et Cie, Editeurs

13, faubourg Montmartre

OUVRAGES DE VICTOR HUGO

Les Misérables. 10 vol. in-8 . . . . . fr. 60 »

Le même ouvrage. 10 vol. in-18. . . . . 35 »

Les Travailleurs de la Mer. 3 vol. in-8 . . . . 18 »

Le même ouvrage. 2 vol. in-18 . . . . . 7 »

Les Chansons des Rues et des Bois. 1 vol. in-8. . . . . 7 50

Le même ouvrage. 1 vol. in-18. . . . . 3 50

William Shakespeare. 1 fort vol. in-8. 7 50

Le même ouvrage. 1 vol. in-18. . . . . 3 50

Paris. 1 vol. in-8. . . . . 1 »

L'Homme qui rit. 4 vol. in-8 . . . . . 30 »

Œuvres oratoires. 2 vol. in-12. . . . . 7 »

La Voix de Guernesey. 1 vol. in-32. . . » 50

Les Misérables, drame par Charles Hugo. 1 vol. in-4. . . . . 4 »

Le même ouvrage. 1 vol. in-18. . . . . 2 »

Victor Hugo raconté par un Témoin de sa vie. 2 vol. in-8. . . 15 »

Le même ouvrage. 2 vol. in-18. . . . . 7 »

OUVRAGES DE JULES SIMON

L'Ecole. 1 vol. in-8. . . . . fr. 6 »
Le même ouvrage. 1 vol. gr. in-18. . . . . 3 50
L'Ouvrier de huit ans. 1 vol. in-8. . 6 »
Le même ouvrage. 1 vol. gr. in-18. . . . . 3 50
Le Travail. 1 vol. in-8. . . . . 6 »
Le même ouvrage. 1 vol. gr. in-18 . . . . 3 50
La Politique radicale. 1 vol. in-8. . . 5 »
Le même ouvrage. 1 vol. gr. in-18. . . . . 3 50
Le Libre-Echange. 1 vol. in-8. . . . . 6 »
La Peine de Mort. 1 vol. gr. in-18. . . 1 »

OUVRAGES DE L'ABBÉ ***

Le Maudit. 3 vol. in-8 . . . . fr. 15 »
Même ouvrage. 3 vol. gr. in-18. . . . . . 9 »
La Religieuse. 2 vol. in-8. . . . . . . 10 »
Même ouvrage. 2 vol. gr. in-18. . . . . . 7 »
Le Jésuite. 2 vol. in-8 . . . . 10 »
Même ouvrage. 2 vol. gr. in-18. . . . . . 7 »
Le Moine. 1 vol. in-8 . . . . 5 »
Même ouvrage. 1 vol. gr. in-18. . . . . . 3 50
Le Curé de campagne. 2 vol. in-8. . 10 »
Même ouvrage. 2 vol. gr. in-18. . . . . . 7 »
Le Confesseur. 2 vol. in-8. . . . . . . 10 »
Les Mystiques. 1 vol. in-8. . . . . . . 5 »
Les Odeurs ultramontaines. 1 vol. in-8. . . . . 5 »

OUVRAGES DE A. DE LAMARTINE

La France parlementaire. 6 forts vol. in-8 . . . . fr. 36 »
Vies et Biographies des Grands Hommes. 6 vol. in-8 . . . . 30 »

Paris. — Imp. Moderne (Barthier, Dr), rue J.-J. Rousseau, 61.

www.ingramcontent.com/pod-product-compliance
Ingram Content Group UK Ltd.
Pitfield, Milton Keynes, MK11 3LW, UK
UKHW012239240726
13966UKWH00003B/1165